产业链招商
大革命

理论视角×实战经验

解析产业链招商全流程

谷川产业研究院 编

哈尔滨出版社
H.P.H
HARBIN PUBLISHING HOUSE

图书在版编目（CIP）数据

产业链招商大革命 / 谷川产业研究院编 . -- 哈尔滨：
哈尔滨出版社，2023.7
ISBN 978-7-5484-7433-3

Ⅰ . ①产… Ⅱ . ①谷… Ⅲ . ①产业链—供应链管理—
研究—中国 Ⅳ . ① F269.23 ② F252.1

中国国家版本馆 CIP 数据核字（2023）第 139698 号

书　　名：**产业链招商大革命**
　　　　　CHANYELIAN ZHAOSHANG DAGEMING

作　　者：谷川产业研究院　编
责任编辑：王嘉欣
封面设计：陈志莲

出版发行：哈尔滨出版社（Harbin Publishing House）
社　　址：哈尔滨市香坊区泰山路 82-9 号　　邮编：150090
经　　销：全国新华书店
印　　刷：武汉鑫佳捷印务有限公司
网　　址：www.hrbcbs.com
E - m a i l：hrbcbs@yeah.net
编辑版权热线：（0451）87900271　87900272

开　　本：787mm×1092mm　　1/16　　　印张：12.125　　　字数：161 千字
版　　次：2023 年 7 月第 1 版
印　　次：2023 年 7 月第 1 次印刷
书　　号：ISBN 978-7-5484-7433-3
定　　价：98.00 元

凡购本社图书发现印装错误，请与本社印制部联系调换。

服务热线：（0451）87900279

序

  在我国经济发展的新阶段，产业链招商作为推动区域经济发展、促进产业结构优化的重要手段，越来越受到政府、企业和社会的广泛关注。本书《产业链招商大革命》紧扣这一前沿主题，结合我国当前宏观经济、产业现状、问题与短板、产业趋势、发展机遇等方面展开深入探讨，力图为读者提供一份系统全面、理论与实践相结合的产业链招商参考手册。

  首先，第一章"产业链招商定义及特征"明确了产业链招商的基本框架。产业链招商，简而言之，是通过对产业链的全面深入研究，吸引相关产业链上的优质企业，以实现产业升级和转型，进一步推动地方经济发展。产业链招商具有策略性、专业性、针对性等特点，需要我们在实践中细致运用。

  第二章"产业研究及招商运营策划"聚焦于产业链招商的策略环节，详细探讨如何通过产业研究，找准招商定位，精心策划招商操作流程，以最大限度提高招商效果。产业研究与招商运营策划的成功，构成了整个产业链招商过程的核心环节。

  接下来的三章，将目光转向招商的实际操作过程，分别是"招商实战之项目挖掘""招商实战之项目研判"和"招商实战之项目跟进"。这三个部分从实务角度，以谷川联行产业大数据平台和丰富的产业招商经验为依托，分享一手的项目挖掘、评估、落地的真知灼见，帮助读者在繁杂的工作中找到切实可行的路径。

最后，我们在第六章"招商实战之项目引进技巧"中，根据积累了多年的实战经验，提出一套行之有效的项目引进策略和技巧，旨在帮助读者摆脱传统招商的束缚，开拓出新的招商模式。

由于篇幅所限，本书虽然无法巨细无遗地涵盖所有产业链招商知识，但我们通过选择和剖析行业内具有一定代表性和指导性的案例，给读者提供最直接、最实用的参考。同时，本书也积极倡导一种理论指导实践、实践反哺理论的学习方式，希望读者能够在阅读此书的过程中，不断进行反思和实践，使产业链招商工作变得更加科学、有效。

在这个充满挑战和机遇的新时代，我们期待《产业链招商大革命》能为你的产业链招商之路提供有价值的参考和启示，同时也期待你的反馈和交流，让我们共同推动产业链招商事业的进步。

谷川产业研究院

前　言

回溯过去 40 余年，中国抓住了第三次全球产业转移浪潮的机遇，创造了世界经济史上的增长奇迹，通过招商引资打开了一条快速发展的道路。

然而，随着经济发展到一定阶段，国家整体发展战略出现新转变，对企业发展与产业结构提出新要求。加之过去三年，全球产业链开始迅速从原来的单中心全球布局向多中心区域布局演进，短链、区域链纷纷崛起。新的全球产业转移浪潮悄然来临。

毫无疑问，这种全球层面的产业链动态演化，在最为基础的体系结构层面影响着我国产业的新发展格局，加速了我国目前外向型发展模式的重构进程。

2020 年，党的十九届五中全会提出"加快构建以国内大循环为主体、国内国际双循环相互促进的新发展格局"。这对我国来说是一场全新的"发展竞赛"，想要在新发展格局中有所担当和作为，就要明晰相关逻辑与意义，直面挑战并做好充分的应对准备。

为什么我们能走通这条路？从我国国情出发，"三长两短"的特点能解释一二：

三个长板，简单来说可概括为：制度优势、市场优势、体系优势。一是我国拥有社会主义市场经济体制，能充分发挥有为政府和有效市场的作用，集结调动各类资源要素，引导国内国际双循环按照既定目标有序推进；二是我国拥有全球第二大消费市场，这也是我国形成强大国内市场、构建新发展格局的重要支撑；三是我国拥有全球最完备的产业链体系，包括41个工业大类、207个工业中类、666个工业小类。

两个短板，一是在关键核心技术上的科技短板，随着我国开放程度的持续扩大，产业发展面临的竞争随之加大，外部打压力量也会持续加码，外部挑战使"产业链自主创新"成为产业发展亟待突破的关键课题；二是目前我国能源对外依存度还很高。

基于此，未来五年，我国需要从产业出发，着力解决好产业层次总体偏低、产业链条不够完整、核心技术和关键零部件受制于人、产业集聚水平不高、集群配套发展滞后、相关政策缺乏协同配合和系统集成等问题，并在深化供给侧结构性改革的进程中，形成自主可控、安全高效的现代产业体系，为我国在不久的将来引领全球产业发展夯实基础。

对地方来说，推动全局形成"双循环"格局的过程中，需要紧紧扭住供给侧结构性改革这条主线。企业是形成市场、构建产业链供应链、促进科技创新的主体，企业强韧可持续，产业链供应链才能稳定、富有韧性。

同时，党的二十大强调，未来要坚持把发展经济的着力点放在实体经济上，推进新型工业化，加快建设制造强国、质量强国、航天强国、交通强国、网络强国、数字中国。制造业是工业的躯干、经济的基础、民生的保障，制造业的高质量发展是我国构建现代化产业体系的关键一环。

现代化产业体系除了要稳定制造业增加值，还要积极进取，才能从根本上摆脱我们在一些产业领域受制于人的境地。

面对当前的变化与机遇，国内数万招商人洞察到，招商引资工作从项目供给端到招商服务端都在发生深刻变革，更多人选择在复杂多变的攻坚时期"破旧立新"，努力在新的经济环境中做出改变。

2023年初始，我们看到多地政府组团出海抢订单，积极"走出去"招商引资；我们看到，各地党政"一把手"纷纷走进企业，"沉下去"听真需求、想真办法，研究颁布政策措施，让"拼经济"的脚步走得更精准、更有力。

在此背景下，全国各地加快做实产业链招商的要求愈加紧迫。

只有地方在产业链供应链等产业组织层面有新的迭代升级，有更高质量的产业体系，才能在新一轮科技革命和产业变革中占据主动，才能发挥我国市场规模优势，推动内外循环相互促进。

在全新的招商引资大潮中，完整的产业链已成为衡量一个地区投资环境和竞争力最重要的因素，为此更多地方开始调整思路，从产业配套、产业集聚效应入手，打出招商引资"优势牌"。

谷川产业研究院深耕产业咨询领域，始终立足于15年招商引资的产业大数据与实战经验，以数字化方式驱动区域治理方式变革及产业竞争力提升。

在行业发展深刻变革、招商同仁都在默默努力之时，谷川产业研究院选择集结精力、智力与经验，写成《产业链招商大革命》一书，帮助各位寻找提升自己机会的招商人，加速冲出来，让自己变得更好。

如今，产业链招商已创新延伸出多种模式，"建链、补链、延链、强链""链长制""双长制"。新的概念与做法，源源不断涌入行业，不同地区如何复制借鉴全新的思想与经验，打造区域差异化发展的核心竞争力？各地招商同仁如何将理论与招商实际工作相结合，以"链"为目标路径，对项目进行挖掘、研判、跟进与引进？

也许看完这本书，你能有所收获。

目录
CONTENTS

第一章
产业链招商定义及特征

第一章　产业链招商定义及特征

随着国家宏观调控的不断深化，招商引资的内在条件和外部环境发生了深刻变化。特别是土地、信贷、能源等政策日益紧缩，促使各种生产要素加速流动，产业升级、转移和聚集发展的趋势更加明显。优惠政策对投资者的吸引力越来越小，以集聚上下游产业、降低综合配套成本、拉长产业链条、培育优势支柱产业为主要内容的产业链招商，正以其独特的吸引力越来越受到关注和重视。

第一节　产业链招商定义

产业链招商是指围绕一个产业的主导产品，以及与之配套相关的原材料、辅料、零部件和包装件等，形成供需"上下游"的产业链条关系。通过吸引投资，谋求共同发展，最终形成倍增效应，增强产品、企业、产业乃至整个地区综合竞争力的招商模式。

（一）产业链招商特征

产业链招商的特征可以从政府、企业、市场、效益、目标五个角度进行分析。

从政府服务角度来看，产业链招商主要是以产业发展政策为指引，以支柱产业为支撑，结合未来发展导向，打造完整的产业链，扩大招商引资成果。

从企业主体的角度来看，主要是促进产业链上下游企业之间的协同发展和互利共赢。

从市场的角度来看，主要是通过发挥市场对资源配置的决定性作用，以市场力量强化产业的关联性。

从综合效益角度来看，主要是提高产业中涉及的各要素之间的匹配度和依存度，以期能够取得长远回报。

从发展目标的角度来看，主要是从提高综合竞争力出发，以产业发展带动资源集聚，实现倍增效应。

相比传统招商方式，产业链招商比拼的不是土地、税收等政策的优惠，而是以产业链分析为基础，寻找和弥补产业链的薄弱环节，确定目标企业，打造产业集群，有目的、有针对性地精准招商，进而提升招商引资质效。这种招商方式，能够适应产业关联发展的内在需要，降低产业投资经营成本，拓展产业发展空间，优化产业发展环境，提高产业竞争力和可持续发展能力。

产业链招商需要不断创新招商方式，提高招商水平和效益。

第一，运用科技招商方式，引入创新型高端人才、科技研发机构及专业科技服务机构等，持续创新和优化研发环境，提升研发水平，深化产业发展程度。

第二，运用大数据招商方式，构建产业地图，建设招商项目库，挖掘招商线索，提供在线项目评估服务，为招商引资提供更多渠道和更全面的信息。

第三，运用资本招商方式，利用资本的催化和杠杆作用，以股权投资和其他优惠政策为条件，吸引企业落户，尤其是吸引产业链条中龙头企业落地，从而带动整条产业链的招商。

第四，灵活运用委托招商方式，组建专业化招商团队，完成预定招商目标。

第五，创新"链长制"招商方式，形成产业链工作的配套机制，整合相关产业资源，加强产业要素配置，打造"点、线、面、体"的产业生态共同体。

产业链招商作为招商引资的新模式，相比于传统招商实现了以下几个转变。

首先，由全民招商向专业化招商转变。在新形势下，专业化招商力量才是主体，招商引资应以产业链招商为重点。根据国家的产业政策及地区发展实际，全面分析现有产业链发展面临的机遇和挑战，加紧研究和制定切合本地区实际的产业发展"蓝皮书"；围绕支柱或优势产业，制定产业链发展规划，加速现有产业链的延伸和补缺；做大产业规模，做优产业链配套，逐步提升产业集聚程度。

其次，由低水平重复招商向延伸产业链条、提升产业层次招商转变。开展产业链招商，不仅要重"量"，更要重"质"。围绕产业升级"招大引强"，着眼集群发展"补链强链"，紧盯创新驱动"招才引智"，建立以产业链招商为导向的考核体系，激励招商人员始终围绕产业链开展招商工作。

最后，由单纯引进资金、项目的招商观念，逐渐向引进资金、人才、技术、管理相结合的招商观念转变。

（二）产业链招商关键

产业链有两种展现形式，一种是垂直供应链，另一种是横向协作链。垂直供应关系是产业链的主要结构，一般分为产业的上游、中游和下游关系；横向协作关系指的是产业的服务与配套。

产业链招商是一个庞大且复杂的系统工程，需要抓住以下几个关键问题。

首先，需要在分析当地产业链的基础上，找出优势和特色产业加以重点培育和壮大，形成较为完备的产业链集群。

其次，需要对产业链的每个环节进行细致分析，优化组合产能过剩的环节，扶持壮大薄弱环节，对缺失环节进行再造"输血"，同时应结合实际对产业链进行延伸。

然后，需要引进产业链条上的龙头企业和重点项目，带动配套企业到当地投资，形成以商引商的良好局面。

最后，需要遵循产业发展规律与变化趋势，不断挖掘和培育产业链，为开展产业链招商奠定坚实基础。

第二节　产业链招商价值

（一）对于企业的价值

1.有利于降低企业投资运营成本

企业围绕产业链配套选择在产业集聚区进行投资，可以大大减少在独立区域开展生产性经营活动的成本。一方面，可以减少企业投资选址的市场调研和谈判成本；另一方面，可享受产品、原材料供求一体化的有利资源，产品的运输等成本也会随之降低。

2.有利于加快企业自主创新脚步

在产业生态系统中，新技术、新工艺、新工作经验等往往能够被快速散播。同时，产业链条上的企业之间会有更多沟通，能够快速掌握市场需求和高新科技转变趋势，提高对销售市场和技术趋势的判断能力。

3.有利于提高市场对企业的认同度

通常情况下，每条产业链上都有在销售市场上名气较高的龙头企业、链主企业，当这一产业链上的其他企业与之聚集到一起后，原来体量相对较小的企业也会因为与著名企业配套在同一产业链上而提高名气。

（二）对于政府的价值

1. 有利于增强招商引资的科学性和针对性

各地政府的招商工作经历了几个阶段，从拼地价、拼政策到拼投资环境，再到拼"产业生态"，招商引资工作已经上升到了一个新的层次。制定科学的产业发展规划，依照产业发展名录、产业链目标企业库进行精准招商，能够极大地缩小招商引资目标范围，使目标更加明确、针对性更强。

2. 有利于以外引外，以商引商

一旦产业链初具雏形，特别是龙头项目或关键性项目已经落地，产业链内的投资者也会为了企业发展，积极引进上下游生产企业或服务型企业与之配套，以降低自身经营成本，改善自身经营环境。

3. 有利于区域内资源充分利用，避免招商引资恶性竞争

产业聚集效应不仅可以提高政府对经济活动的管理效率，节约管理成本；还可以通过优化产业布局，增强相关产业的市场竞争力，形成具有自身特色的产业集群。同时，由于各区域资源禀赋、地缘特征各不相同，产业发展规划方向与重点也不尽相同，能够有效避免产业同质化带来的恶性竞争。

（三）对于产业本身的价值与意义

1. 产业链招商有利于促进产业链高质量发展

开展产业链招商有利于充分发挥和放大区域产业优势，挖掘和释放区域产业潜在竞争优势，结合区域原有传统支柱产业升级需求，以及培育新主导产业的发展实际，提升产业链发展水平。

2. 产业链招商有利于加快促进双循环新发展格局

开展产业链招商有利于促进产业基础高级化和产业链现代化，是深化

供给侧结构性改革、建设现代化经济体系的必然过程，也是加快形成以国内大循环为主体、国内国际双循环相互促进新发展格局的现实需要。

3. 产业链招商有利于维护我国产业链安全及全球地位

我国已经成为全球价值链网络中心国之一，在全球价值链中扮演着"枢纽"角色。但我国部分产业基础还比较薄弱，核心技术受制于人，甚至出现了"卡脖子"的情况，产业链安全受到严峻挑战。开展产业链招商，可以有效补齐产业链供应链短板，加大重要产品和关键核心技术攻关力度，提升产业链供应链水平，形成具有更强创新力、更高附加值、更安全可靠的产业链供应链。

案例：苹果产业链是否能回归美国

自 2010 年开始，我国制造业已经连续多年位居世界第一，并成为全球唯一拥有全部工业门类的国家，这是我国发展产业的比较优势。与此同时，美国产业空心化特点明显，其第三服务业占 80%，而工业仅占 18%。自 2008 年次贷危机以来，美国一直在提倡制造业回归，但我们也要注意到另外一个问题，即美国只是中低端制造业较少，而高端制造业并没有空心化。以苹果手机为例，主要芯片制造、操作系统、零部件的设计等都在美国本土完成，而将手机配件加工制造安排在韩国、日本，最后所有零件的组装工作由中国的富士康完成，因为流水线操作需要大量廉价劳动力。随着中国人口红利的消失和机器替代人力的进一步普及，中低端制造业的比较优势能否持续值得思考。

然而，我国产业优势并非仅限于中低端制造业，像知名企业华为已具备芯片设计能力。尽管如此，华为在芯片设计领域仍面临断供问题，这是因为在芯片产业链中，生产环节产生了"卡脖子"的问题。虽然台积电、中芯国际等企业可以生产芯片，但它们所用的生产芯片的机器——光刻机，只有像阿斯麦等少数企业可以生产，如果光刻机断供或对光刻机的使用加以限制，就会影响到芯片的生产。

由此可见，对产业链上下游布局，特别是解决其中的"卡脖子"问题，是关系到国家产业链安全及竞争力提升的重要战略任务。

研究产业链不仅仅是研究上游材料、中游生产、下游应用，还需研究其背后的价值链。我们知道在产业价值分析领域，有一个非常著名的"微笑曲线"，在产业链中，附加值更多地体现在两端，即设计和销售，而处于中间环节的制造附加值最低。然而，华为芯片断供的案例显示，在当前产业链竞争的细分领域，除了设计研发和销售品牌环节，随着产业数字化发展，中游制造环节越来越成为竞争力角逐的重要战场。制造业领域的竞争有可能比设计和销售环节更为严峻，从而形成"哭泣曲线"。

因此，今后企业需要的不仅仅是销售领域的商业人才，研发、技术人员将会成为主流。如何尽可能"内行"地与他们交流，理解他们的需求，并给他们提供服务，是整个时代对区域政府提出的新要求。

第三节　产业链发展思路

各区域确定主导产业后，若对全产业链进行招商，则工作难度大且周期长。因此，需要对全产业链的细分领域及其发展潜力进行评估，进而确定优先发展的重点产业链，以确保经济快速发展。重点产业链的评估维度一般分为以下几个方面：

（一）以激发产业内生动力为抓手的招商策略

1.龙头企业带动力

在某些细分领域的产业链条上，若已经形成龙头企业的带动效应，可选择该产业链进行重点发展。通过放大龙头企业的效应，吸引链上企业落户。例如，烟台经开区通过龙头企业韩国斗山集团的带动效应，开展产业链招商，先后吸引东洋机电、东镐重工等关键配套企业落户，实现本地工程机械零部件配套率达到 90% 以上，形成半径 7 公里的产业链圈。

2. 技术驱动力

开展产业链招商不能"一刀切"，需要掌握区域产业基础与现状，客观分析自身，并不是每个区域都能招来龙头企业形成带动效应。因此，在选择重点产业链时，除了龙头企业带动力外，还可筛选出技术驱动力强、更具产业附加值的产业链作为发展重点。例如，山东省在医疗器械细分领域高值医用耗材产业链招商中，以技术为驱动力，省内威高集团的心脏支架、骨科材料等覆盖了 81.3% 的中国三级医院，并销售到世界 70 多个国家和地区，实现了生物医药产业链招商的繁荣景象。

3. 产业经济带动力

选择重点发展的产业链时，可以筛选有潜力的产业链作为发展的重点，以实现强有力的经济增长带动效应。

4. 劳动力人口就业带动能力

在选择重点发展的产业链时，也可以从劳动力人口就业的角度筛选产业链作为发展的重点。

案例：富士康落户带动郑州 30 余万人就业

2010 年，富士康下定决心"牵手"郑州，当年两者合作原因显而易见。富士康是全球最大的代工"航母"，在全球的员工有百万之众。当时，富士康想要充分利用地方优势，实现生产成本最低化、利益最大化。而河南是人口大省、劳工输出大省，在当时的发展阶段，郑州面临产业转型的难题，急需"巨无霸"式的企业进驻，带动就业与经济发展。二者合作建立在双赢的基础上。

经过多年发展，在2017年前后，郑州富士康三大工厂吸纳当地35万人就业，很多人不用离乡背井去外省务工。同样，几十万人留在河南，也带动了河南的消费，对当地经济发展形成了助推力。

5. 产业发展环境支撑能力

衡量现有硬件基础设施资源，将能够有效保障的产业链作为发展重点。例如，重庆市拥有得天独厚的页岩气资源，围绕千亿级页岩气产业集群开展产业链招商，着力推进勘探开发、管网建设、车船应用、化工产业、装备制造等方面的发展，建成全国性的页岩气装备研发制造和服务基地。

6. 双创发展能力

筛选创新驱动型产业链作为发展的重点。例如，绍兴柯桥以产业转型为契机，立足传统产业，吸引创新因子集聚，拓展延伸纺织产业链，引进全球一流的新材料、智能制造、文化创意企业，构建了更高层次的纺织产业链。

7. 产业外部发展能力

在选择重点发展的产业链时，还可以考虑各个产业链是否属于国家政策扶持类产业，例如国家提倡大力发展的战略性新兴产业等。

（二）基于产业基底水平的产业链招商策略

在确定区域产业目标后，需要进行产业基底的摸排，并结合当下产业发展现状和未来产业发展目标，制定产业链招商策略。基于产业基底水平的产业链招商策略分为建链、补链、强链、延链等类型。其中，建链策略指的是在特定区域内目标产业基础较为薄弱的情况下，从0到1进行产业基础搭建的过程；补链则是指特定区域内目标产业链已形成一定的上下游结构特征，但某些环节存在缺失，需要补全产业链的过程；强链指的是特定区域内目标产业已形成一定的集聚规模，但在集聚的企业数量或质量方面需要继续强化提升的过程；而延链一般指特定区域内目标产业链在上游或中游已具备一定的比较优势，需要在优势资源或半成品基础上向下延伸产业环节，以更大限度地靠近终端产品和应用市场。

1. 建链：从 0 到 1 的产业集聚阶段。

建链是定位的过程，即找准园区重点发展的产业链方向，引进具有核心地位的龙头企业，并以之为基础进行辐射与延伸，建立全新的产业链条。建链是初建园区以及产业转型升级时必需的招商策划环节。例如，在某智能家居示范园区做招商策划时，运营商针对园区的产业基础及资源特点，在载体交付前就开始筹建以电动床、功能沙发、智能纺织品、智能控制系统为主的四条产业链。

2. 补链：有一定产业基础，部分产业环节缺失。

补链是指园区已有一定的产业基础，并在产业链某一个或几个特定环节具有项目优势或集群特点，围绕现有产业链条的缺失环节，从纵向产业链的角度补充式招商。补链是对建链的延伸，其目的是实现产业链向上、下游延伸，打造健全完整的产业链条。

3. 强链：有一定产业基础，部分环节需要扩张或升级。

强链主要针对产业配套较为完善，且具有一定产业聚集度，但整体处于价值链较低端的产业园区。通过寻找产业链条中缺失的高附加值环节，紧抓"微笑曲线"的两端企业，从科技、金融、信息化提升及品牌引领入手，加强研发设计、品牌营销、金融配套等产业综合服务，打造产业集群，形成产业核心竞争力。强链可以有效提升产业发展的质量效益，使产业价值链从单纯的生产制造向利润较高的两端延伸，从而提高产业链的平均利润率。

4. 延链：产业布局主要聚集在中上游，需进一步向下游延伸。

延链则是将一条已存在的产业链向上、下游延伸拓展。产业链向上游延伸一般是指产业链进入到基础产业环节和技术研发环节，向下游拓展则是指进入市场拓展环节。

（三）基于企业经营视角的产业链招商策略

企业是政府的"客户"，是政府在产业链招商中的服务对象。为了更好地满足企业的需求，政府需要以企业为中心，了解企业的核心诉求。一般来说，企业的经营活动主要围绕着收入利润的提高以及经营成本的降低展开。尽管企业发展阶段、规模和组织形式各不相同，面临的诉求也不尽相同，但是产业链招商的主要目标是中观视角的产业集聚。从产业或行业需求出发，总结出同行业面临的共性需求，可以解决产业链招商落实到微观层面的大部分问题。对于政府来说，制定、梳理、确定本地比较优势，完善产业发展所需的软硬件条件，制定产业链招商承接方案和谈判方案，提供指导思路是非常重要的。

案例：重庆电子信息产业链招商

一个地方发展产业是否成功，受到多种因素的影响。但是在产业集聚过程中，特别是在产业集聚初期，会有一些关键的、起主导作用的因素，值得我们产业发展促进的团队重点关注，从中找到产业建链的着力点。在重庆引进电子信息相关产业的初期，将产业链招商和企业补短板发挥到了极致。

首先，采取建链补链式招商策略。建链方面，引入了产业链关键环节企业——惠普；补链方面，引入了惠普上游制造企业——富士康；强链方面，相继引入了除惠普外六七家世界知名品牌的电脑厂商。在此过程中，还进行了谈判。承诺惠普两年内在对方厂址1小时路程之内配套1000家零部件厂，并要求对方将3000万台电脑生产订单转移到重庆；承诺富士康千万台电脑零部件的生产订单，并要求将对应数量的零部件厂商引入重庆。

其次，重点关注企业的短板或问题，提炼问题并解决问题。解决供应链问题：帮助惠普找上游零部件配套。解决订单／市场问题：帮助富士康找订单（惠普3000万台中的1000万台）。

最后，产业集聚后，其本身就具有了竞争力，发挥产业规模集聚效应，吸引其他类似企业入驻。两年内，在有配套商和龙头企业的前提下，相继吸引了除惠普外的六七家世界知名品牌的电脑厂商，每年生产6000万台电脑，多年保持产量稳定，占全球电脑生产总量的1/3。

第四节　产业链分析理论模型

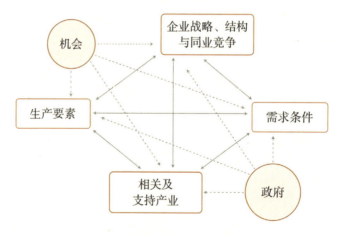

图1-1　波特钻石模型

"波特钻石模型"是由迈克尔·波特教授提出的，原本用于分析国家竞争力。该模型分为六个维度，分别是生产要素，需求条件，相关及支持产业，企业战略、结构与同业竞争，以及机会和政府。从横向来看，生产要素和需求条件用于解释市场的供需关系；从纵向来看，产业及企业维度为分析产业经济提供了中观和微观视角；机会从时间角度提供了变量分析的视角；政府作为市场主体在国家及区域的竞争力方面发挥着重要影响作用。波特钻石模型为产业链研究及产业链招商工作的规划开展提供了较为全面的理论分析维度，有利于系统化地推进相关工作。

第五节　产业链招商保障

实施产业链招商离不开优质的服务保障。应以产业链企业发展需求和待解决问题为导向搭建体系，建立健全的服务保障机制，用优质的服务为产业链发展保驾护航。

（一）人才保障

搭建产业链招商人才体系，为专业化招商落地提供脑力支持。招商引资工作对从业者的职业素养要求越来越高，打造一支"懂经济、懂产业、懂政策、懂招商、懂客商"的复合型招商队伍成为招商引资工作的重中之重。开展产业链招商，招商人员要围绕本地产业发展的方向、规划、特点等进行全方位研究；要坚持以主导产业为中心，力求对全产业进行深入、细致、全面、完整的研究分析，掌握各产业链条的现状和发展趋势；要进一步研究国家相关政策，结合本地实际定位好招商主攻方向。只有这样，招商人员才能清楚需要吸引哪些企业、引进哪些产品，在与企业沟通时，才能做到心中有数、对等接洽。

招商人员的形象代表区域的投资环境形象，招商人员的专业水平是一个地区"软实力"的体现。因此，在开展产业链招商工作时，必须把招商队伍建设放在重要位置。

当前很多区域的招商队伍建设存在如下问题：专业化、职业化水平仍需提升，招商队伍人员稳定性不足，缺乏有效的激励机制，团队整体实力未得到充分发挥等。因此，招商队伍建设应依据当前招商引资工作的重难点，结合招商人员能力模型及培养目标，进行体系化、精准化、高效化培养。持续加大对招商人员的奖励激励力度，营造留住人才的良好氛围，为产业链招商工作储备能量。

（二）服务保障

完善企业服务体系，为目标产业链企业发展壮大提供专业服务。首先，要搭建多层次的融资服务平台，为产业集聚提供多样化的金融支持。其次，要搭建以企业为主体、市场为导向的"产、学、研、用"深度融合的技术创新平台。再次，要搭建物流服务平台和中介服务平台，为集聚区企业提供高效的物流服务、成熟的物业管理、法律咨询、资产评估等服务，从根本上解决产业集聚区公共服务滞后、服务体系不完善等问题。

（三）空间保障

改善基础设施，为产业链招商创造良好的运营环境。首先，要通过完善交通、能源等基础设施，特别是要完善路网结构和配套设施，改善产业集聚区的基础条件，提升地区承接外部产业转移的能力，降低集聚区内企业的运营成本。其次，人才集聚是产业集聚的重要支撑，要提供完善的基础教育和医疗保健设施。只有创造良好的工作和生活环境，才能吸引人才、留住人才。

（四）政策保障

创新资金支持体系，为产业链招商提供有效的制度保障。首先，要加大政府财税对产业集聚的支持力度，以制度保障财政投入的刚性增长；在满足基础设施建设资金需求的同时，支持集聚区企业的创新发展。其次，要构建完善的投融资体系，解决财政支持有限对产业集聚的制约问题，引导社会资金投入，形成"投资主体多元、投资方式多样、投资规模持续增长"的投融资体系。

（五）数据保障

搭建产业链数据系统，为产业链招商效率提升提供数据保障。在产业链招商中，我们仍然坚持"项目为王"的原则，但需要更加精确地筛选项目。与传统招商引资阶段不同，产业链项目的筛选标准既需满足本地产业发展目标，又要符合现阶段经济发展阶段，从而对项目获取及匹配的精准性提出了更高的要求，需要大量的项目数据资源及精细化的数据处理规则作为提升产业链项目落地的保障。

归集产业数据，为产业链招商决策提供数据支撑。科学决策产业招商，首先要依托数字政府、智慧城市、各部门统计数据库、企业工商数据等数字化建设成果，归集本地产业发展数据，包含经济运行数据、产业分布数据、规上企业数据、载体空间数据、营商环境数据等，摸清本地产业基础情况；其次，要对外部产业数据进行获取并分析，包含产业经济发展数据、全国产业分布数据、园区分布数据、企业选址数据、政策数据、龙头企业数据等，为产业招商提供制定政策、决策的依据。

第二章
产业研究及招商运营策划

第一节

产业定位及规划

第二节

产业链招商策划

第三节

产业链招商数字化

第二章　产业研究及招商运营策划

产业链招商是一种系统化、科学化、专业化的招商方式。因此，招商人员需要做好充分的筹备工作，这是开展产业链招商的重要前提。本章将帮助招商人员厘清产业链招商思路，明确产业链招商的研判方向和评估维度。

第一节　产业定位及规划

产业链招商能够为经济发展注入新的活力，但在具体实施过程中也存在诸多问题。例如，区域产业特色不显著，同质化现象严重，甚至引发各区域产业、企业和产品的无序和恶性竞争。因此，开展产业链招商需要做好充分的定位研判，以确保产业链招商的精准性、高效性和可持续性发展。

（一）产业定位价值

1.产业精准定位能够引导产业转型升级

建设现代化经济体系的核心在于建设现代化产业体系，而建设现代化产业体系的关键在于加快产业转型升级步伐。产业转型升级主要包括行业结构转型、要素结构转型、贸易结构转型和发展方式转型四种类型。产业转型升级是指在科技创新和制度创新双轮驱动下，一个地区产业沿着全球价值链不断从低端向中高端攀升，从低附加值、低技术含量的生产加工环节向高附加值、高技术含量的研发、设计、关键零部件生产等环节转变。因此，开展产业链招商，首先要设定产业转型升级的目标，提升产业核心竞争力，确保产业可持续发展。

2.产业精准定位能够引导产业资源有目的地聚集

产业定位应力求突出地方特色，避免产业覆盖领域大而全。核心原因在于热门产业"赛道"竞争激烈，筛选本区域具有相对优势的细分领域，能在特定领域建立竞争优势。特别是对于新进入某产业领域的地区而言，本地产业基础较为薄弱，产业自身吸引力弱，通过产业研判、本地与产业相关的竞争优势研判，筛选出可行性高的入门"赛道"，能够降低区域产业布局入门门槛，打破产业发展僵局。其次，精准的产业定位，有利于突显区域特色，便于区域进行产业品牌的打造，有目标有重点地吸引相关项目，投入相关政策、配套设施或招商资源，逐渐形成产业集聚规模效应。

案例：医疗器械产业园各地开花

医疗器械产业作为广义生物医药产业下的热门细分"赛道"，以其高附加值及相对制药领域较低的进入门槛，受到各地的青睐。据不完全统计，2020年全国已开发建设的医疗器械产业聚集区或产业园区已近3000个，其中医疗器械集聚区有600余个，主题园区有2300余个。在优质项目相对较少、园区平台相对较多的情况下，各园区能否搭建起适合医疗器械企业投资的产业生态体系，如检测站、评审中心、灭菌中心等，成为在一众同类园区中脱颖而出的有力竞争条件之一。

3.产业精准定位有助于提升招商运营效率

引导产业转型升级、向高质量发展是应对国内外竞争的必然趋势和必然选择，然而产业发展目标的实现相对周期长、成本高。在区域产业导入及运营过程中，从土地收储及开发成本，到产业补贴政策支出，再到各类产业平台搭建投入，区域政府在产业发展中面临着大量的资金投入。一旦产业资金投入无效或低效，将会造成资金或资产的严重浪费或限制。比如近年来许多地方建设了产业园载体，但由于厂房参数及配套设施不满足或达不到产业链企业入驻要求，导致厂房载体大量空置。再比如，某些地方产业补贴政策支出较高，但最终并未形成产业集聚优势，很多企业如"候鸟"般享受完政策补贴后即从本地迁出。上述现象的产生，与产业定位不清晰、产业发展目标及配套服务不明确、盲目进入及投资不无关系。

4.产业精准定位是进行科学规划的前提

产业体系本身的复杂性及产业发展长期性要求围绕产业发展进行系统化、前瞻性、有步骤的规划。产业定位是科学开展产业规划、空间规划、招商策划等规划策划工作的前提。首先，产业定位为产业生态规划提供聚焦靶点，从而为特色优势产业生态的打造提供着力点；其次，产业定位为产业路径规划提供目标导向和约束条件，以提升产业发展的可行性及持续性；再有，产业定位为功能分区、建筑设计等空间规划提供关键指标参数，以提升基础设施及物业产品的匹配率及利用效率；最后，产业定位为招商策划提供政策、为人力资源的供给提供扩展边界，以提高招商政策、人力资源的供给效率及专业度。

（二）产业定位关键步骤

当地明确了主导产业后，接下来将围绕主导产业进行深度研究，进一步明确主导产业的招商方向、产业上下游及招商内容。

一条完整的产业链有众多细分领域。以生物医药产业链为例，可分为化学药制剂、生物制品、中药、医疗器械、医药商业、医疗服务等多个细分领域。不同细分领域的产品和业务不同，盈利模式、发展阶段和发展水平也存在差异，产业发展对生产要素、市场及政策的需求也不同。因此，需要在产业发展背景分析的基础上，结合当地的资源禀赋及相应产业配套情况，确定适合当地发展的细分领域，并在此基础上开展产业链招商。

1. 产业赛道选择

对目标产业的内涵外延、产业链结构、发展现状趋势等进行研究解读是进行产业定位的基础性、必要性工作。全面分析产业结构、产业龙头、产业趋势以及产业发展潜力。产业基本情况、市场规模、竞争格局、发展趋势及相关政策都需要综合考虑。其中，产业基本情况分析维度包括产业定义、国内外分类标准及应用领域等；市场规模分析维度包括产量、产值、复合增长率等；竞争格局分析维度包括市场集中度及主要参与企业等；发展趋势包括短、中、长期发展动态；相关政策包括宏观经济政策和产业政策。

主导产业是先导产业，是推动经济增长和结构调整的新生力量，但在现实国民经济中却不一定占有较高的经济比重，而是表现为较快的行业成长和经济增长速度，比如高科技产业、信息产业等。对于主导产业的综合研判是一个地区进行产业布局、制定产业发展政策和区域经济发展战略规划的重要内容。精准研判主导产业，可以优化地区经济结构，增强地区产业核心竞争力，具有重要的现实意义。主导产业一般通过定性预选、定量预选两种方式进行研判，其中定性预选是研判的重点，主要围绕产业增长潜力、产业带动能力、产业经济效益、产业科技信息化水平、产业专业化水平、产业吸纳劳动力水平等维度进行分析。

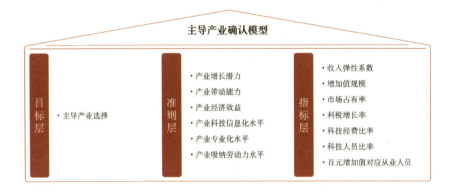

图 2-1　主导产业确定模型图

（1）产业增长潜力研判。产业增长潜力研判是选择主导产业的前提。应根据本区域产业基础及资源禀赋，从产业规模、产业效益、产业管理、产业增长等方面进行研判。

图 2-2　产业增长潜力研判指标图

（2）产业带动能力研判。产业对区域经济发展的带动能力是选择主导产业的必要条件。主导产业的选择必须充分考虑它对相关产业的带动作用，以及是否具有较大的前后向联系和影响。这种关联能对一系列部门起到带动与推进作用，并使这些部门派生出对其他部门的促进作用，从而产生经济发展中的连锁反应和加速效应。例如，汽车产业具有较高的产业关联度，在国民经济诸多部门中，汽车产业属于带动面大、波及范围广的产业之一，可以带动钢铁、石油、橡胶、玻璃、电子、油漆、人造革、塑料等行业的发展。

（3）产业经济效益研判。作为区域主导产业，相较于其他产业，需具有经济竞争力强、经济效益高、发展速度快、发展前景广阔等特点。因此，只有高增长性的产业才可以辐射相关产业促进其发展，从而促进区域经济发展及 GDP 值的提高。

（4）产业科技水平研判。随着科技的快速发展，产业的科技水平为产业转型升级和高质量发展赋予了新的动能。所选主导产业应当能够集中地体现技术进步的主要方向和发展趋势。以电子信息产业为例，它是世界新技术革命浪潮中最活跃的新兴产业，凝结着最先进的科学技术，深刻地影响着现代工业的发展。

（5）产业专业化水平研判。产业专业化是指为实现规模经济，从事同一行业的企业在同一地域范围内集聚，如美国硅谷的 IT 产业、日本名古屋的汽车产业等。产业专业化不仅能够使企业从规模经济中受益，还是地区经济发展的重要推动力量。

（6）产业吸纳劳动力水平研判。我国人口众多，各地都面临就业压力。主导产业应具有强大的劳动力吸纳能力，能够创造大量就业机会。这样不仅可以缓解就业压力，还能充分发挥我国劳动力资源丰富这一比较优势。以汽车产业为例，它可提供较多的劳动就业机会。由于汽车的使用面广、流动性大，其吸收直接和间接就业人员的容量和能力都是十分可观的。

2.产业基底调研

开展产业链招商的第一步是要摸清家底，这包括但不限于本地企业、园区平台、基础设施、原材料供给、产业政策、基础设施等方面的调研分析，以进一步研判产业链招商的可行性及难易度。

（1）产业承接平台调研

对当地的载体情况进行分析，涉及以下内容：

首先是园区基本情况，如主导产业、载体类型、建筑容积率、建筑密度、基础设施配套、优惠政策等；

其次是土地利用情况，如计划总占地面积、已供应面积、可供应面积、计划总建设面积、已建设面积、待建设面积、工业及科研用地挂牌价等；

第三是物业载体情况，如土地存量及价格、厂房存量及价格、生产要素情况、有无与之匹配的电价及电容量、园区的配套情况（如天然气、蒸汽、污水处理设施等）等；

第四是载体管理运营情况，如水费、电费、物管费、租金、购地等；

第五是园区主要经济指标，如入驻企业数量、园区从业人数、代表性企业、近五年工业总产值、近五年利润总额等。

通过对以上五个方面的分析，可以判断当地对产业项目的承载能力。

（2）营商环境及服务水平调研

营商环境及服务水平决定了地方产业链招商的软实力。在2023年，世界银行正式实施新的评估体系——宜商环境，在原有十个一级指标的基础上，新增了数字技术和环境可持续这两个跨领域指标。对十个一级指标的内容也做了较大的调整，分别为企业准入、获得经营场所、公用服务连接、劳工、金融服务、国际贸易、纳税、争端解决、促进市场竞争及办理破产。

表 2-1　营商环境及宜商环境一级指标对照表

营商环境一级指标	宜商环境一级指标
开办企业	企业准入
办理建筑许可	获得经营场所
获得电力	公用服务连接
登记财产	劳工
获得信贷	金融服务

续表

营商环境一级指标	宜商环境一级指标
保护中小投资者	国际贸易
纳税	纳税
跨境交易	争端解决
执行合同	促进市场竞争
办理破产	办理破产
劳动力市场监管（观察） 政府采购（观察）	数字技术（跨领域） 环境可持续（跨领域）

（3）产业链相关企业调研

对本地产业链相关企业进行摸底调研，一方面有利于了解本地产业现状，为制定产业链策略（建链、延链、补链、强链）提供一手资料；另一方面通过对本地企业选址、经营及扩张需求的实地走访调研，有利于切实了解本地产业链企业发展需求，构建适宜的相关产业生态，提供可供推进落地的问题清单。

表 2-2 企业调研表

×× 企业调查表		
调研员：	调研时间：	
调研维度	一级指标	二级指标
企业现状调研	产业归属	产业归属 / 行业归属
		主要产品 / 服务
		……
	财务指标	产值 / 税收情况
		各产品利润率
		……
	固定资产投资	占地面积
		厂房面积
		固定资产占比
		……

续表

	厂房载体要求	层高 / 承重 / 柱间距等
企业现状调研		功能分区 / 设备吊装口等
		电梯配置要求
		洁净车间有无及相应要求
	产业配套要求	污水处理厂配套需求
		特殊工艺指标配套需求
		电 / 水 / 气等用量及价格
		招工数量、要求及工资
		招商政策关注点
		……
相关及支持企业	企业上游情况	上游原材料及设备
		能源类别及消耗量
		供应商所属地区
		与本地供应商合作 / 不合作原因（若有）
		……
	同类企业情况	同类企业分布
		行业竞争格局及企业位置
		……
	下游市场情况	下游市场集聚区域
		下游客户本地占比
		……
企业发展战略	产业战略	是否有产业链延伸计划
		是否有新产品研发 / 生产计划
		意向研发 / 生产何种产品
		新产品所需资源和配套
		……
	区域战略	本地 / 外地扩产 / 迁址的意向及原因
	人才战略	现有人才结构（年龄、薪资）
		人才数量缺口
		人才结构需求
		……

3. 产业穿透研判

产业按广度分，可分为不同的"赛道"，如电子信息产业、高端装备产业、新能源产业等。产业按深度分，又可分为不同的层级，如新能源产业下分光伏、风能、氢能、锂电池等。若将光伏产业再拆分，又可以分为集中式光伏和分布式光伏。另外，将光伏产业按产业链拆分，还可以简单分为上游的硅片生产、中游的电池组装及下游的光伏运营。若将上中下游环节再拆分，又有电池片生产、光伏背板生产、EVA胶膜生产、电池组装、逆变器生产、光伏安装运营等项目。综上所述，产业是一个庞杂的体系，是可以分类、分层、分链扩展和延伸的庞杂体系。

产业穿透的层次深浅是产业定位精准度评判的重要指标之一。以新能源产业为例，它是产业一级，而光伏产业为产业二级，光伏上中下游为产业三级，具体到电池片、逆变器等产品为产业四级。对于区域产业精准定位，需要进行产业层层穿透和剥离，才能找到与自身优势及机遇相匹配的细分"赛道"；对于区域开展产业链招商，层层穿透定位到产业四级，即产业链企业生产的产品或提供的服务层次，才能转化为可招商的项目。

（三）产业规划内容

产业规划的核心目标是提升竞争力。从时间上来看，需要进行产业路径规划，规划内容需要覆盖短、中、长期，既要满足产业发展的前瞻性需求，又要考虑产业短、中期的落地性。从结构上看，需要进行产业生态规划。产业生态规划不仅要考虑单一产业链上中下游关系，还需要考虑产业和产业之间的关系，遵循生态学的理念，通过产业间彼此赋能，提升系统的抗风险能力。从空间上来看，需要进行产业功能规划。产业功能规划以集聚产业为手段，通过共享产业要素或基础设施，发挥产业的规模效应，增强产业链、供应链在空间上的协同能力，降低物流成本、交易成本等。

1.产业生态规划

◆规划目标

产业生态是产业定位的集成，结构上包含相关及支持产业，时间上涵盖短、中、长期的重点产业。产业定位选择及关系设计上需具备前瞻性、系统性、落地性及延展性，增强抗风险能力。

◆规划逻辑

前瞻性原则：充分研判产业发展现状及趋势，筛选具有良好市场前景的产业"赛道"，或做好前沿产业在技术、资金、配套等方面的提前布局。

系统性原则：产业链或产业领域间彼此关联、耦合，或者可以共享原材料、劳动力、基础设施、专业服务等要素市场，或者下游应用或销售市场相通。

落地性原则：产业生态规划一方面需要满足近期产业链招商的可行性要求；另一方面要满足向产业链上下游或相关产业领域延展的可行性要求。

◆规划内容

纵向：对各产业细分"赛道"进行穿透式的必要性及可行性论证。

横向：产业链上下游、相关产业、配套产业之间的关系研究与规划。

2.产业路径规划

◆规划目标

设定特定区域不同阶段的发展目标；阐明产业在不同时间阶段的发展重点；产业在不同阶段的发展脉络需要具备相关性、连贯性。

◆规划逻辑

一阶段：从产业生态图中选择一个或多个突破点。一般将既符合产业发展趋势，又具备本地招商可行性的产业领域或环节作为突破点。首先确保筛选出来的产业领域或环节初步规模化集聚，逐步形成特色产业集群，使区域产业品牌初步具备宣传亮点。

二阶段：在一阶段特色产业集聚的基础上，向产业链上下游或产业生态图中的其他产业"赛道"进行布局延伸，逐步加深产业之间的关联性。

三阶段：经过一、二阶段的产业集聚，区域在产业规模和产业结构上已具备发展的内生动力，对相关产业生态中的相关企业具备较强吸引力。此时，核心工作需要结合当下的产业发展新趋势，升级替代现有产业生态中的低附加值环节，或布局相关新产业"赛道"。

◆规划内容

（1）划分产业路径时间段。

（2）设定各阶段产业目标。

（3）明确各阶段重点产业定位。

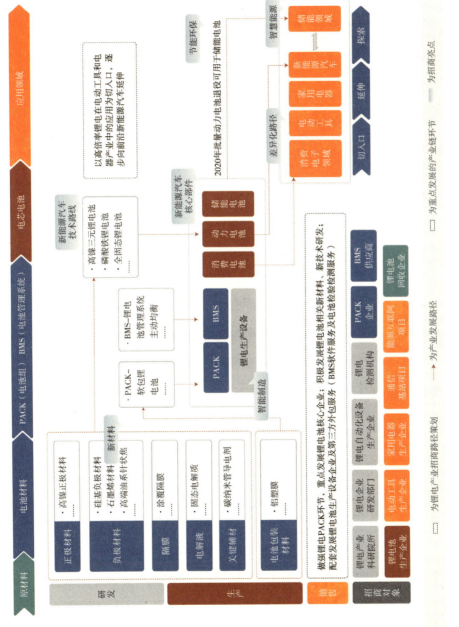

图 2-3 某园区锂电池产业路径规划图

3. 产业空间规划

◆规划目标

将产业落位到特定的物理空间，使空间要素满足产业发展需求。

◆规划逻辑

按照规划的空间范围不同，大体分为片区规划和建筑设计规划。片区规划需体现不同区域或功能区的限制与联动关系及各自定位；建筑设计规划，需在满足建筑设计规范的前提下，最大程度考虑产业项目生产经营需求。

◆规划内容

（1）产业用地相关规划，保障用地需求。

（2）根据产业定位谋划空间功能区布局。

（3）根据产业定位设计产业园区载体及园区配套。

◆使用方法

片区规划可依据产业空间规划调整土地用地布局、基础设施配套、特定产业配套等；建筑设计建议为产业园区开发或建筑研究院设计图纸，提供基于产业需求的建议，在施工图纸定稿前，将产业需求融入设计理念，避免载体建成后因与产业需求不匹配造成空置浪费。

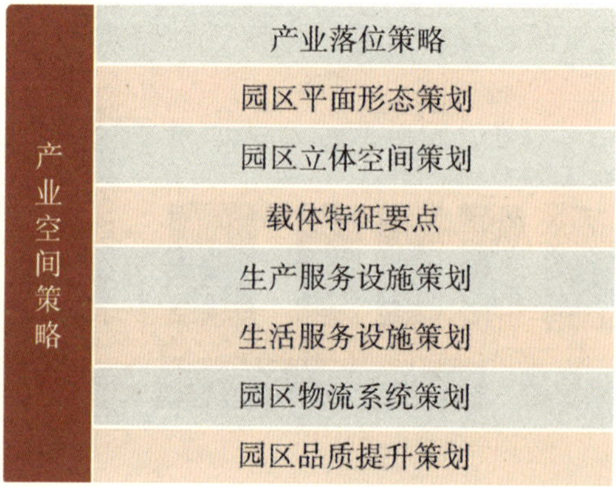

产业空间策略	产业落位策略
	园区平面形态策划
	园区立体空间策划
	载体特征要点
	生产服务设施策划
	生活服务设施策划
	园区物流系统策划
	园区品质提升策划

图2-4　产业空间策略

第二节　产业链招商策划

产业链招商分为六步，即摸清产业链现状、明确产业链招商方向、确定产业链招商目标、突出产业链招商重点，健全产业链配套机制、优化产业链招商环境，具体如下：

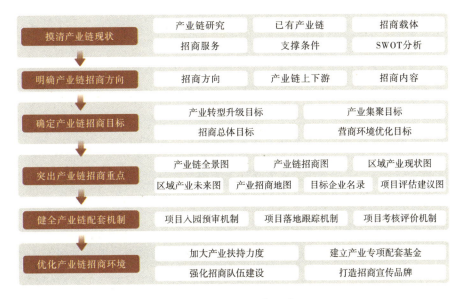

图 2-5　产业链招商思维图

（一）研究产业链招商策略

1. 依靠本地的要素禀赋进行招商

要素禀赋招商是综合考虑特定产业上游供给端产业要素供给能力，包括但不限于自然资源、劳动力、基础设施配套等。其中，自然资源一旦具备，是难以模仿复制的优势禀赋，比如矿产资源、土地资源、林业资源、水资源等。例如，安徽滁州凭借优质的石英砂资源，吸引了多家光伏龙头企业投资集聚，并形成了全国著名的光伏产业基地。劳动力资源一直是经济发展不可忽略的要素资源，且随着经济发展水平的逐渐提高，机器替代人力的进程加快，高素质人才成为各国家地区争相抢夺的要素资源。

此外，基础设施配套往往是带动或制约一个区域经济发展的关键要素条件。随着产业经济发展进入新阶段，数据中心、城际高铁、特高压、充电桩等新基建的配套供给能力，日益成为促进或制约区域产业经济发展的新要素。随着越来越多的设备接入网络，工业互联、万物互联的时代将产生大量的数据。对数据的获取、挖掘和使用能力，越来越成为一个地区产业经济承载能力和发展潜力的核心衡量指标。

案例：中关村人才要素

在 20 世纪 80 年代，中关村还只是以电子产品、配件、数码批发零售的"电子一条街"被人们熟知，现在已成长为"中国硅谷"。联想、京东、小米等企业均从中关村走出。中关村发展高科技产业具有得天独厚的条件，区域内大学及科研院所林立。既有北京大学、清华大学、中国人民大学等国内顶尖学府，也有中科院等科研机构。

首先，中关村附近的大学资源为创业及企业招聘提供源源不断的高素质人才支持。其次，各高校的实验室成为最方便的、可利用、可合作的资源。再有，中关村的人脉关系网络本身就构成一种资源。在 2020 年中关村论坛上，小米科技董事长兼 CEO 雷军回顾了小米 11 年来的创业历程，并表示，小米是中关村一家土生土长的创业公司，在中关村的土壤上，几乎想找什么样的人才都能找到，这里的人才密度非常高。同时，中关村也是信息的高地，有卓越的营商环境。小米创业初期的融资都是在中关村完成的，从天使投资到风险投资再到股权投资，在中关村都有极好的融资环境。

2. 依靠产业政策支持进行招商

产业政策是政府促进区域产业发展的有力抓手。产业政策按类型可以分为指导性产业政策和支持性产业政策。在招商引资过程中，主要涉及的是支持性产业政策。支持性产业政策在扶持基础产业发展或在产业建链阶段促进产业集聚方面发挥着重要作用。然而，支持性产业政策的制定及实施应该以明确的产业发展目标、政策扶持目标及清晰的产业发展路径作为依托，力争度过产业起步期后，摆脱在招商引资中对产业政策的依赖，发挥产业在品牌、供应链、市场、要素等方面的自身动力，形成吸引产业集聚的内生效应，避免"政策候鸟"现象的发生。

3. 通过为企业解决问题进行招商

招商引资实操过程中，招商人员日常接触到的是具体企业，涉及企业筛选、企业接洽、企业跟进、企业谈判、企业落户服务等环节。想企业所想，急企业所急，让企业切实获得专业的服务，是提高客商满意度、提高项目落户概率的必要准备。产业链招商与传统招商相比，除了关注投资额、税收等经济指标及企业的投资意向度之外，需要将更多精力聚焦到对特定产业的研究和需求的满足上，以便产业集聚目标的达成。

企业补短板招商核心同样是围绕着满足企业经营需求及降本增效展开。与要素禀赋、政策支持等提前准备的一揽子措施相比，不同的是，企业补短板招商更多应用于解决实际问题。企业到一个新的地方投资，一般会面临证照办理、市场订单、招工、用电用气等能源供给、物流运输等非常具体的问题。有些问题，企业凭借现有区域条件、制度措施或企业自身等难以解决，此时就需要招商人员针对性地给予协调帮助。例如，不少理念较为先进的生物医药产业园会成立企业专属医疗器械服务小组，为企业解决证照办理问题。

4. 依靠龙头企业带动进行招商

头部效应是指通过引入产业链上的链主企业，吸引其产业链上下游或周边配套企业在链主企业投资所在地周边进行产业布局的招商策略。

龙头企业凭借其在行业内及供应链上的议价能力，具有对上下游企业在空间集聚上的吸附力和号召力。龙头企业一旦在某个地方投资，出于对供应商的要求，或者对降低物流成本的需求，相关企业往往选择在龙头企业周边一定距离范围内进行投资，政府只要将龙头企业吸引过来，就将有大批相关企业跟随投资。

5. 依靠产业集聚优势进行招商

产业招商策略的制定不仅需要考虑产业基础，还需要考虑产业发展的路径。不同的产业发展路径带来的产业集聚效果不同：同类产业集聚带来产业规模效应，龙头企业引入带来供应链空间集聚效应，产业链上下游及相关配套行业集聚带来产业链生态效应。

（1）产业规模：同类吸引

产业集聚的规模效应是指在同一区域聚集同类或相关产业，以起到资源共享、成本降低、宣传力提升等效果的招商策略。此外，同类产业集聚有利于提升区内企业的竞争意识，激发创新。

鉴于产业体系的复杂性，区县政府（特别是产业基础比较薄弱，处于建链阶段的区县）在一定时间内，并非需要引入大而全的产业链体系。在资源、资金有限的情况下，也可以结合本地的比较优势，集中在某一产业领域或产业环节发力，以降低产业配套及招商专业性的难度。

（2）产业结构：产业上下游配套

结构效应，即平时提到较多的产业链招商，通过产业链的强链、补链等方式，完善产业链的上中下游布局，使具有供应链关系的上下游企业在空间上形成集聚。与聚焦单一环节的规模效应招商及聚焦链主企业的头部效应招商相比，产业结构招商（或称狭义的产业链招商），以其复杂且有序的产业结构关系，以及跨行业的产业链布局带来的产业高延展性，具有更强的产业韧性，不会因为单一行业的突发性风险或龙头企业经营不善，导致产业发展遭遇倾覆风险。

从这一角度来讲，以产业结构完善为目标的产业布局思路是产业集聚最终都会选择的路径。然而，在区域产业基础较为薄弱的阶段，即建链阶段，可以先从规模效应及头部效应入手，以集中的资源和集中的精力投放，在较短时间内形成产业集聚，在形成初步的产业氛围、产业品牌、经济引擎后，逐步扩展产业链结构。

此外，由于特定空间范围的产业承载能级不一，在进行产业结构规划时，应适当跳出本地的产业空间范围，结合周边区域、特殊区域，甚至全国范围考虑产业结构体系的搭建。例如，区县结合省市的产业资源及特征规划产业结构，内陆地区结合距离最近的口岸区域产业特征规划产业结构，能级较大但发展空间受限的地区结合所在城市群或经济圈的产业特征规划产业结构。

案例：张江高科技园区生物医药集聚

浦东开发之初，规划了四个重点的国家级开发区，即陆家嘴金融贸易区、金桥开发区、外高桥保税区和张江高科技园区。张江高科技园区相比于其他三个开发区产业定位相对模糊。但世界500强企业罗氏药业的选址为张江高科技园区的产业发展带来机遇。浦东开发之初，上海市将生物医药产业列为市重点发展产业。因为上海张江所在的区域有一家淮海制药厂，所以张江高科技园区相比其他几个开发区更具备发展生物医药的基础和条件。在制药企业、张江高科技园区及市政府的共同努力下，罗氏药业得以顺利落户。

随后，在龙头企业的带动效应下，奈科明、美敦力、史克必成、麒麟鲲鹏等生物医药项目逐一加盟，打响了张江高科技园区在生物医药产业领域的名气，也为上海张江高科技园区确立生物医药产业定位、打造"中国药谷"增添了底气。

上海张江高科技园区的生物医药产业定位得到了政府的重视。接下来，国家重点生物医药产业项目均优先安排给张江高科技园区，国家人类基因组南方研究中心、国家新药筛选中心、中科院上海药物所、上海中医药大学等国家级科研机构和高校相继落户。得到政府的大力支持是一方面，但能够取得如今的成就也离不开张江高科技园区针对生物医药产业痛点提供的一系列产业运营服务。

当年，所有的新药审批都需要前往北京，要走的流程和消耗的时间都是难以想象地长。为了解决园区内生物医药企业的这一痛点，张江高科技园区专门成立了一家公司，帮助园区生物医药企业减少新药申报的中间环节，有效降低企业的各类成本。

为了助推张江高科技园区生物医药中小企业的快速发展，张江高科技园区推出了张江药谷公共服务平台。该平台为新药的临床研究提供共性技术服务、产业化服务、公共试验（检测分析）服务、运营保障服务、集成软件服务等方面的公共服务，并通过孵化器的建设、基金等方式帮助中小企业渡过死亡谷，尽快完成研发成果，实现产业化。

此外，张江高科技园区充分发挥拥有核心知识产权的医药研发企业（IPC）、提供药物研发服务的专业外包服务公司（CRO）、风险投资（VC）的优势，率先开启了"VC+IPC+CRO"的VIC新药孵化模式：生物医药企业可以通过自主研发、授权引进、合作开发的方式获得核心知识产权，拥有核心知识产权的生物医药企业（IPC）把自己正在研发的新药推荐到张江新药孵化平台，经平台专家库评审通过之后，可以得到政府引导资金和风险投资（VC），可以租用专业研发外包服务公司（CRO）的研发人员和实验室设备，降低成本、提高效率，最终进入产业化的新药，小企业仍然对其拥有所有权，获取最大利润。在张江新药孵化的VIC模式哺育下，中小企业想成为下一个"辉瑞"和"诺华"的梦想有了现实支撑。

（二）制作产业链招商图谱

产业招商图谱是将产业定位及招商策划的成果以图表等可视化方式进行呈现，以实现研究与实操步骤的有效衔接，提高产业定位策划成果的落地性和可读性，从而方便招商人员有的放矢、挂图招商、按图索骥，目前已成为广受各地政府欢迎的产业链招商落地方案表现形式。

通过绘制与分析招商图谱，可以锁定产业链招商目标。招商图谱包含内容如下。

1.产业生态图

产业生态图，即产业目标图或产业未来图。进行产业链招商不仅要掌握本区域产业静态发展现状，还要明确未来发展的动态路径。区域产业生态图能够以图谱的形式，清晰地呈现产业发展路径及未来要打造的产业生态。如果区域内部形成彼此关联的产业生态，企业间因高关联度形成的稳定性会更高，因环境带来的合作机会不断增多。此外，产业生态的形成能够使单一维度（如政策）产生的变动对产业转移的影响降至最低，从而提高产业竞争力和抗风险能力。

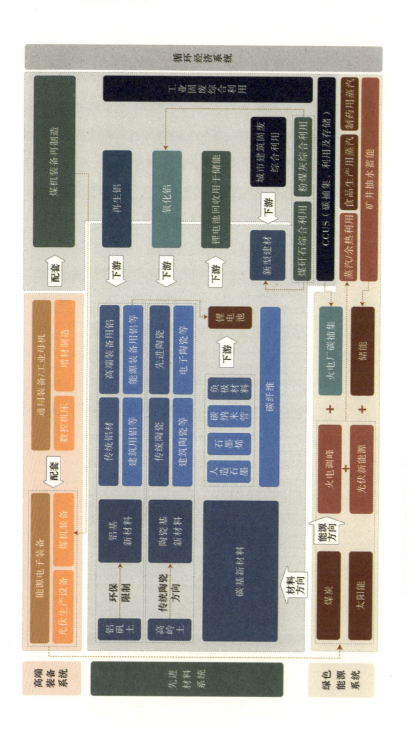

图 2-5　某市产业生态图

2. 产业链全景图

产业链全景图是对产业链上中下游涉及的行业或产业环节进行全景式结构化呈现。通过产业链全景图可以获得对某一类或某一层产业的整体认知，从而结合本区域产业发展现状及需求，进一步明确本地优势产业、薄弱产业、缺失产业，为了解产业现状、确定产业链招商重点、制定产业链发展路径提供产业框架参考体系。

产业链全景图结构，从横向来看，一般分为上游、中游和下游。上中下游一定程度上体现了供应链关系，即上游一般为资源、材料、设备等供给领域，中游为体现产业链核心特征的子领域或半成品领域，下游为最接近市场端的应用领域。

从纵向来看，产业分类从一级到四级，精细程度逐渐加深。如下图所示，电子信息为产业一级，电子元器件为产业二级，射频元器件为产业三级，滤波器为产业四级。每一层级细分领域又可以分别绘制更精细的包含上中下游的产业链全景图。产业四级一般可以穿透至产品层或项目层，能精准对应提供产品或服务的企业。对于招商工作来说，日常更多接触到的是企业或者具体投资项目，因此，产业链全景图的产业定位穿透能否达到产品层或项目层，是衡量产业链全景图（或称"图系"）精准程度的重要标志之一。

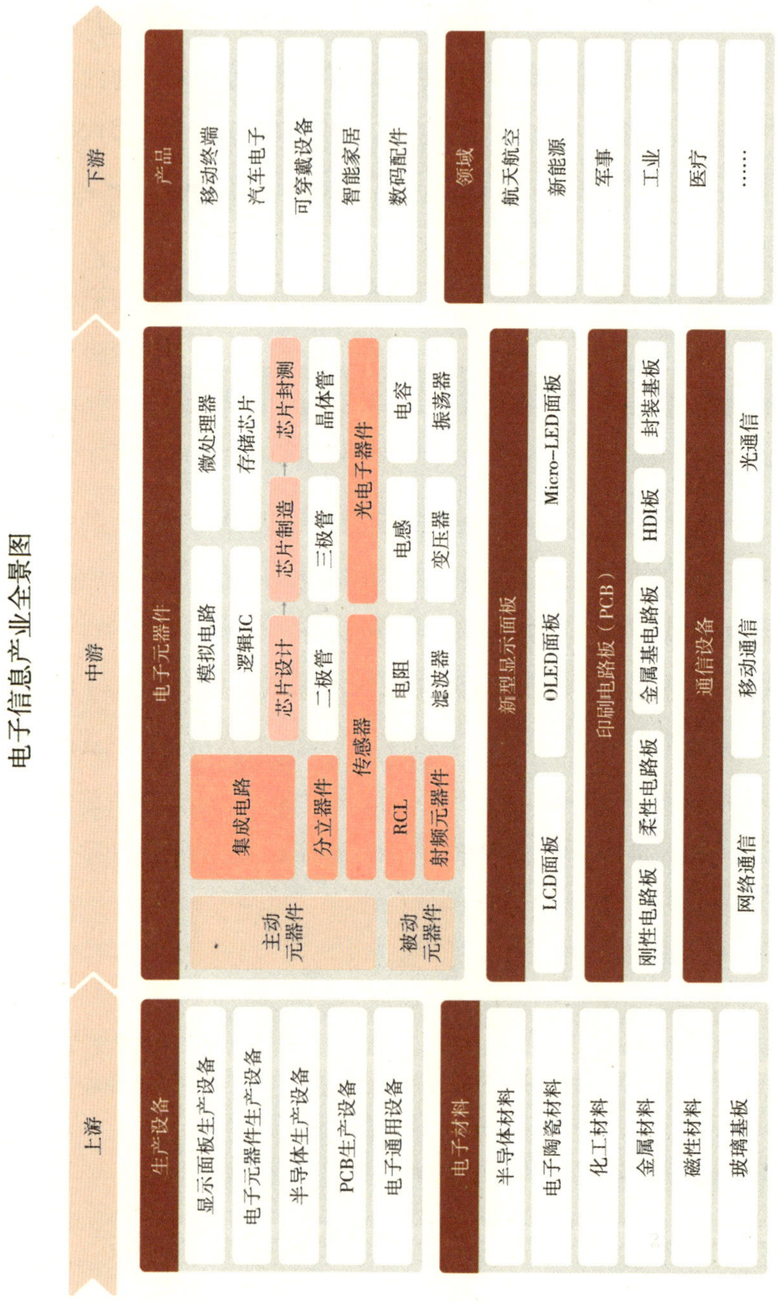

电子信息产业全景图

上游

生产设备：显示面板生产设备、电子元器件生产设备、半导体生产设备、PCB生产设备、电子通用设备

电子材料：半导体材料、电子陶瓷材料、化工材料、金属材料、磁性材料、玻璃基板

中游

电子元器件

主动元器件：集成电路、分立器件

被动元器件：RCL、射频元器件

集成电路：微处理器、存储芯片、模拟电路、逻辑IC

芯片设计 → 芯片制造 → 芯片封测

分立器件：传感器、二极管、三极管、光电子器件

RCL：电阻、电感、电容

射频元器件：滤波器、变压器、振荡器

新型显示面板：LCD面板、OLED面板、Micro-LED面板

印刷电路板（PCB）：刚性电路板、柔性电路板、金属基电路板、HDI板、封装基板

通信设备：网络通信、移动通信、光通信

下游

产品：移动终端、汽车电子、可穿戴设备、智能家居、数码配件

领域：航天航空、新能源、军事、工业、医疗、……

图 2-7 产业链全景图

3.产业现状图

产业现状图是以产业链全景图为参考，对本地及周边相关产业企业、相关资源、园区平台等进行调研后梳理绘制的图谱。以绘制产业现状图为目标的产业调研过程是"摸家底"的过程。产业现状图可以帮助招商人员在工作中"知己知彼"，在充分掌握自身优势产业领域和相关资源优势的基础上，与招商目标企业进行专业、高效的沟通。

时间充足的情况下，产业现状调研工作不一定局限于本地。适当调研了解周边地区或所属行政区域、经济群、产业带的产业发展现状，将有助于把区域优势转化为自身优势，并避开竞争激烈的领域"赛道"，实现"借势发展""错位发展"。

4.产业招商图

产业招商图是将经过研判适用于本地的、精准的产业领域、产业链环节、产业链项目、产业链企业进行图谱化展示。产业招商图可以帮助招商人员按图索骥，解答产业链招商工作中"招什么"这一关键核心问题。

从产业穿透层次来看，产业招商图一般要达到产业四级，即产品或项目层，并有与之精准对应的目标企业，才能为招商人员实操应用。招商人员在评估各环节招引的企业或项目数量时，可以遵循以下原则：一是核心产业领域需要形成规模化，有一至两家产业链龙头企业为宜；二是核心产业上下游或相关产业适当引入，但若要在本地形成实质性的上下游供应链业务联系，上下游或相关产业的数量宜规模化（至少达到两家），以激发同业竞争意识，促进市场竞争，使供应方的产品或服务的价格和质量在合理区间，为本地企业提供选择空间，从而提升本地企业间彼此合作形成产业链或供应链关系的可能性。

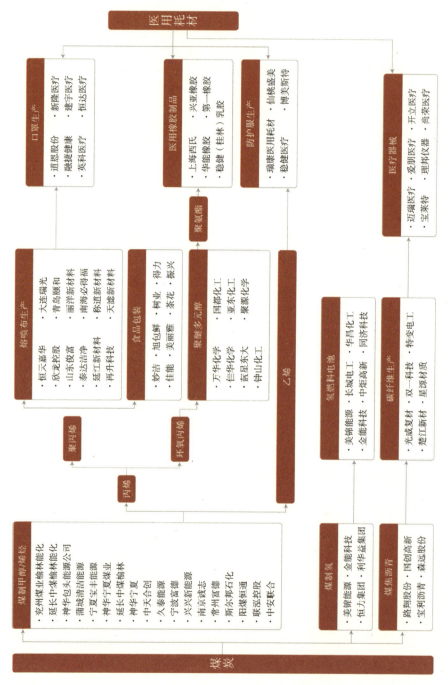

图 2-8 产业招商图

5. 产业招商地图

产业招商地图主要解决"在哪里招引企业"的问题，并将该问题的解答以地图形式呈现，指引后续招商资源有效投放。产业招商地图制作分为两类，一类是以产业大数据为基础制作的产业聚集图；另一类是以头部企业清单为基础制作的产业招商地图。特别要指明的是，制作头部企业的产业招商地图，不仅要研究头部企业的总部分布，还要研究其子公司或生产基地的分布。因为一般的头部企业总部都会设置在北上广深等一线城市，而子公司和生产基地的分布特点则不同，考虑的因素会更加多元且与生产紧密相关。深入研究产业集聚区域分布，不仅能解决"在哪里招引企业"的问题，还能有效选择对标区域，为本地产业链招商引资提供指引。

6. 目标企业名录

产业链目标企业名录是对产业招商图的进一步细化，也是开展产业链定向招商的重要工具。按照目标招商领域，将招商企业分类梳理，列明企业生产的产品、提供的服务、地址和联系方式等。

表2-3 目标企业名录示例

产业链环节	序号	企业名称	企业简介	主要产品（业务）	细分领域	注册地	备注
基础层	1	华云数据	成立于2010年，主要面向企业级用户提供定制化私有云、混合云解决方案，同时可以提供大数据服务、超融合产品、公有云、IDC转云等服务。2018年5月，进入"中国大数据独角兽企业TOP20榜"，2018年8月，入围"中国大数据企业50强"。	企业级云平台、企业级大数据、企业级超融合、高品质公有云	云计算/大数据服务	无锡	百强榜独角兽
基础层	2	九章云极	国内领先的数据科学平台提供商，为金融、交通、运营商和互联网等多行业客户提供数据分析能力，实时提供的机器学习分析和快速实现模型管理和应用支持。通过DataCanvas平台给数据分析师和数据科学家快速协同开发，实现模型管理和应用支持。	机器学习平台APS，实时处理平台RT，数据工程平台DEP，智能运维平台MML	云计算/大数据服务	北京	2018上榜企业
基础层	3	数据堂	成立于2011年9月，专业的人工智能数据服务提供商，致力为全球人工智能企业提供数据获取能及数据产品服务。服务的领域包括生物识别、语音识别、自动驾驶、智能家居、新零售、OCR场景、智能交通、智能医疗、手机娱乐等领域。	数据定制服务、场景数据；人工智能数据集；人工智能数据处理平台私有化部署服务	云计算/大数据服务	北京	上市公司
基础层	4	网宿科技	成立于2000年1月，致力于大数据和云计算基础设施等方面的关键技术研究。公司在全球构建了广泛高效的内容分发（CDN）、边缘计算网络及数据中心（IDC），满足用户随时随地的数据计算及交互需求。基于强大的数据分发和处理能力，网宿科技提供CDN、定制化IDC、云安全、云计算和边缘计算等丰富的产品及服务。	网宿网盾、企速通、智慧云视频、云分发、云计算数据中心	云计算/大数据服务	上海	上市公司
基础层	5	中兴金云	成立于2015年12月，注册资本1亿元，原为中兴通讯股份有限公司全资子公司，主要为中国三大运营商、阿里巴巴、腾讯、平安银行、招商银行、微众银行、华侨银行、前海人寿等金融企业提供IDC建设及运维服务，是华南地区IDC行业前三。	数据中心服务、IT增值服务	云计算/大数据服务	深圳	行业知名企业
基础层	6	中通国脉	是一家高科技创新公司，是中通国脉通信股份有限公司的控股子公司。公司致力于时空大数据应用产业，提供数据"汇聚—处理—应用"全流程技术产品和服务。公司具有数据采集、可视化信息应用、数据分析等方面的核心业务能力。	通信网络工程建设和维护综合技术服务	5G/NB-IT	深圳	上市公司

（三）制定产业链招商政策

1. 制定产业链招商支持政策

提供和产业发展定位相适应的政策支持体系，包括财税优惠政策、投融资运作策略、资源整合方案及相关制度等。

近年来各地政府为促进产业发展，纷纷加大对产业的扶持力度，尤其是针对产业链核心环节及薄弱环节，从财税、平台、人才、科技、资金及配套服务等方面着手，为产业发展创造良好环境，提升产业的吸引力与附着力，助力产业集聚与升级。

案例：美国芯片法案

中国并非唯一通过制定政策支持产业发展的国家。当地时间2022年8月9日，美国颁布《芯片与科学法案》。该法案将为芯片产业提供高达537亿美元的资金补贴和税收等政策。除对芯片的补贴政策外，该法案对前沿科技研发的拨款总计达到2800亿美元。

2. 建立产业专项配套基金

产业基金是由政府出资设立，通过股权或债券等方式吸引各类社会资本参与产业发展的政策性基金，也称为产业发展基金或产业投资基金。设立产业基金的主旨在于发挥财政资金杠杆效应，引导战略性新兴产业发展和传统产业转型升级，对促进产业调整和产业转型升级具有深远意义。为了更好地适应资本市场环境，吸引社会资本促进各区域发展，各地产业基金都在推陈出新，紧密迎合市场方向，扶持产业做大做强。

案例：成都智能化应用产业政策

以成都智能化应用产业为例，在市场化投资平台建设及专业性政策保障体系方面进行充分研判，并制定了相应的策略。例如在市场化投资平台建设方面，设立消费电子、智能家居产业引导基金，进一步扩大大数据产业创投基金规模；推动崇州市国有资产投资经营有限责任公司等公司积极向市场化转型，组建工业投资发展公司，引导社会资本参与公共配套设施建设；积极引进深创投、IDG 资本、创新工场、上海永宣、阿米巴资本、上海平颐等知名投融资公司。在专业性政策保障体系建设方面，落实土地弹性出让、厂房定制代建等政策；在吸引人才方面制定具有吸引力的减税、住房等优惠政策；优化招商引资政策，建立智能家居创意设计村入驻扶持政策、建立消费类电子、智能家居、人工智能与大数据等专项扶持政策；出台企业上市培育政策，鼓励风险投资企业政策，出台鼓励企业走出去的相关政策。

（四）产业品牌定位及营销

挖掘产业比较优势，塑造产业集聚品牌。在对产业链研究的基础上，通过对比本地与其他区域或本园区与其他园区的招商载体、招商服务、产业要素支撑条件，进一步明确当地开展产业链招商的比较优势。对产业集聚品牌进行包装策划，并通过网站、推介会、微信公众号或其他热点流量媒体进行宣传推广。

（五）加强产业链项目管理

1. 项目入园预审

为了促进产业高质量发展，各地区需要充分做好项目入园把控工作，建立项目入园预审机制。对重大招商项目在技术、市场、商业模式等方面进行可行性评估，特别是涉及地产类项目，要严格落实条款，为产业项目落地提供法制保障。同时，要严格执行产业准入政策、安全生产和生态环境保护法律法规，加强招商引资金融领域风险源头防范，最大程度减少金融风险。

2. 项目落地跟踪

在充分研判项目的基础上，需要全面梳理项目落地流程，建立项目落地跟踪机制。建立横向协同、纵向顺畅的项目推进工作网络，强化专人专班、点对点式跟踪服务，及时协调解决推进难题。通过"周提醒、月例会、季讲评"的项目推进工作机制，压紧压实工作责任。通过调研走访，定期梳理项目推进情况，实施清单式推进、台账式管理，促进项目尽快转化。

3. 招商考核评价

需要用好考核"指挥棒"，建立科学的考核评价体系，充分发挥各园区招商主阵地作用，真正让招商成果经得起检验。实行投资量、实物量与价值量并重，统筹建立招商项目签约、注册、开工、见效全生命周期的考核评价制度，开展"招商擂台赛"，建立常态化通报分析制度，加强对已签约项目、注册项目的跟踪问效，定期检测项目开工运营、资金到位情况，对项目实行全流程计时，定期发布招商工作"红黑榜"，营造真抓实干、争先创优的浓厚氛围。

第三节　产业链招商数字化

招商 1.0 阶段是强关系招商，由熟人介绍熟人，比如通过朋友、老乡、同学、战友等渠道介绍招商引资项目。其优势在于政府和企业家间的信任感较强，能快速达成见面洽谈，特别是在企业家有投资计划的情况下，对接成功率较高。但这种方式也存在弊端，比如对接数量有限，资源数量上限较低，对接时间周期较长。

招商 2.0 阶段是信息化招商，通过互联网平台解决招商单位和投资企业间信息不对称的问题。其优势在于能够保证招商线索的及时性及数量上的要求，为有招商需求的单位或有选址需求的企业快速建立联系，提高匹配成功的概率，是"前产业链招商"阶段最有效的招商方式之一。

招商 1.0 阶段和招商 2.0 阶段的招商模式适用于经济快速发展阶段的招商需求。经济快速发展阶段，政府重点关注企业的投资额、产值、税收、就业等经济指标，承接上满足企业在土地、厂房、交通等方面的"硬性"条件即可。然而，目前中国已由快速发展阶段进入高质量发展阶段，国际竞争、气候环境变化等国际政治经济环境使国内产业转型升级，打造具有竞争力的产业生态越来越重要。政府发展经济，不仅要达成经济增长指标，还要达成产业发展目标。

随着产业技术的日新月异，我国深度参与国际竞争的转变，以及在国际产业分工中地位的上升，到我国投资的企业质量也越来越高。企业在选择投资区域时，不仅关注基础设施条件，也逐渐关注产业基础、产业配套及营商水平等软环境。在地方产业发展要求及企业投资选址要求双提升的背景下，无论是"熟人招商"还是"信息化招商"都不能完全满足现阶段的招商需求，"产业链精准招商模式"（招商 3.0 阶段）应运而生。

从数据角度看，招商 1.0 阶段需要处理的关系是个位数，即使不认识的人，通过"六度分隔理论"也总能找到想认识的人。招商 2.0 阶段需要处理的数据是成千上万个数据，若按照 1% 的成功率（参考谷川信息系统大数据），则需要对接 100 个项目线索才能成功落地一个项目，即"百里挑一"。招商 3.0 阶段则需要加强产业相关度和产业链匹配度的要求，需要处理的数据量需要以亿为单位（工商企业数据基数为 1 亿以上），洞察企业间的供应链关系，数据量将成倍增长。因此，若要实现招商 3.0 阶段的产业链精准招商，仅依靠全员招商、信息对接是不够的，需要借助数据赋能，进入招商 4.0 阶段，即"产业大数据招商"时代。

（一）工作部署数字化

为了落实产业招商策略，需要科学部署招商工作。

首先，要结合"链长制"招商方式，自上而下建立产业链招商管理体系，将各招商单位、招商人员纳入管理平台。按照产业专班进行组织、人员再划分，并根据用户岗位、角色配置权限。这样可以落实产业招商团队的组建工作，为产业链精准招商的工作部署建立保障。

其次，需要将目标企业清单数字化，建立目标企业库。依据产业链招商任务，按照目标企业标签、所属产业，为产业专班、招商人员分配招商任务。其中包含所属产业链、跟进企业数量、完成进度、完成期限等信息，确保招商任务合理分配，实现精准招商。

招商人员可以通过平台对目标企业进行挖掘，明确企业投资意向后将目标企业转化为招商项目。建立招商项目库，规范招商项目内容格式，统一项目跟进、问题处理路径，系统实时统计任务进展，反馈各产业链工作情况，有效落实产业招商管理、配合机制。

图 2-9　工作部署数字化

图 2-9 工作部署数字化（续）

（二）团队管理数字化

优化产业招商管理机制，打造优秀的产业招商团队。招商人员需要通过数字化平台记录目标企业挖掘情况、招商项目跟进情况，并沉淀平台使用数据。这样便于管理人员实时查看每个产业专班、招商人员所跟进企业数量、跟进次数、招商成效。平台将根据产业招商成果自动核算团队绩效、个人绩效，按照产业招商任务完成进度实时进行团队、个人排名。这样规避日常烦琐的汇报流程，使管理人员能够科学评估各产业链招商现状以及工作效率，选拔优秀产业专班和有能力、负责任的招商人员，并且随时发现团队不足，不断优化产业招商管理机制，快速提升产业招商效率，打造优秀的产业招商团队。

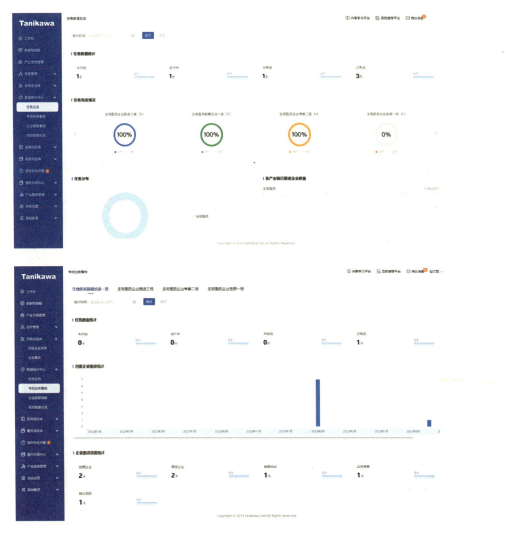

图 2-10　团队管理数字化

（三）统筹决策数字化

　　为了构建区域产业招商"一盘棋"，辅助领导科学制定产业招商政策，需要归集产业分析数据，将产业研究成果进行数字化转换，与区域产业发展数据结合，形成产业现状图谱。通过可视化大屏展示区域产业发展情况，便于领导洞察区域产业基底。

接下来,需要统筹产业招商工作数据,将产业链招商平台使用数据、成果数据进行沉淀,形成精准招商图谱。通过可视化大屏展示产业招商策略落地情况,形成产业招商数据"驾驶舱"。这样便于领导实时统筹指挥产业招商工作开展,为领导提供产业政策制定、改革的决策依据。

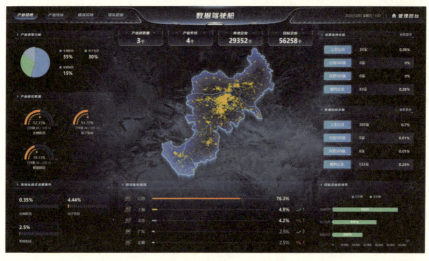

图 2-11 统筹决策数字化

第三章

招商实战之项目挖掘

第一节

企业投资需求分析

第二节

企业选址流程解析

第三节

优质项目信息挖掘

第三章　招商实战之项目挖掘

项目挖掘是招商人员必备的核心技能。如何挖掘企业投资需求，如何挖掘优质项目信息，都是招商人员开展招商工作关注的重点。本章将围绕企业选址原因、选址决策因素等进行分析，助力招商人员熟练掌握项目挖掘技巧，精准把控项目投资需求。

第一节　企业投资需求分析

招商引资不仅要从自身需求出发，更要从企业需求出发。只有换位思考、知己知彼，才能科学配置资源，高效落实项目。

（一）企业选址的原因

很多招商人员会有这样的疑问：我们是政府方而非企业方，为什么要了解企业选址相关知识呢？从投资区位选择理论来看，招商引资是政府引导企业选择在该地区落户，而对于企业来说，知己知彼，才能百战不殆。企业为什么要进行选址？企业在选址时考虑哪些因素？企业选址的流程是怎样的？企业在选址过程中会遇到哪些问题？企业在选址过程中需要做出哪些动作和决策？只有真正学会换位思考，站在企业的角度去思考问题，了解企业投资选址的关键需求，才能精准满足企业的需求，促成项目落地。

从投资者的角度来看，无论是工业项目、商业项目还是服务业项目，其选址原因总共可以概括为以下六个方面：投资兴办、增产扩容、增设分厂、战略性搬迁、政策牵引、产业聚集。

1. 投资兴办。一般是企业初创阶段。在此阶段，企业选址以节约成本、快速盈利为主要目标。因此，企业选址偏重于市场及产业环境，对物业类型偏好租金低、产业环境略成熟的孵化器及厂房类物业。例如，某企业原来是家庭个体户，销售"植物肉"产品。由于产品口碑很好，市场需求量增加，家庭式作坊产量不能满足销售量，首先他们找到代加工工厂批量生产产品，经过市场验证后，销售量逐步增加，子女萌生了自己投资建厂、自产自销的想法，开始寻找适合的厂房物业。此类属于从小作坊到创业期的投资项目，资金并不是很雄厚，但投资前景较好。

2. 增产扩容。一般处于企业成长期。企业已经完成原始积累，开始考虑企业形象、品牌影响力、员工福利、工作环境等因素，并且已经有一定条件支付较高的选址成本。此类型企业在物业类型方面偏向于租赁或者购置土地建厂，选址偏向于知名度高、产业成熟、配套完善、人才服务全面的园区，并且倾向于与旧址相同的区域。

3. 增设分厂。增设分厂为大型企业的战略投资。一般企业的下游会紧随其后。对于企业来说，本地市场已饱和，企业会出于对外部市场战略的考虑进行选址。这类企业对政府的行政效率、优惠政策、交通、周边经济、人力供给等较为关注。在物业类型方面，大型企业倾向于买地建厂，外资企业、中小型企业希望租赁环境较为成熟的园区。

4. 战略性搬迁。此类企业受政治、产业、贸易等因素影响较大（例如发达区域的产业转移）。在选址方面，倾向于靠近更成熟的产业环境、销售市场或追求更低的生产经营成本。同时，此类企业选址多为跨区域搬迁，考察周期及决策周期相对较长，一般为 1 ~ 3 年，对土地价格、劳动力成本、税收减免、优惠政策等因素较为看重。在物业类型方面，企业投产一般有两种模式，一种是先租厂房快速投产再拿地建厂，另一种是直接拿地建厂。例如，受 2019 年出台的《中共中央国务院关于支持河北雄安新区全面深化改革和扩大开放的指导意见》影响，越来越多的国企、央企总部搬迁到雄安新区，包括中国华能集团、中国卫星网络集团有限公司、中国中化控股有限责任公司等。

5. 政策牵引。此类型企业选址多受原地区政策限制，例如高污染、高耗能、低附加值的企业。企业选址会更加看重地区政策，例如特殊税收优惠政策、产业扶持政策、贸易补贴等。例如新疆霍尔果斯、海南等区域的相关政策对于企业的吸引力较强。

6. 产业集聚。此类型企业一般为产业链环节中做配套的企业。在选址投资过程中，企业会着重考虑产业集群所在地，或者到核心城市周边地区进行扩张，力争融入产业链。只要企业在产业链的价值网里，就能在其中获利。当产业链扩张时，企业的供需会增大，能够向上发展。

（二）企业选址决策因素

招商人员在与企业对接的过程中，发现企业选址常常考虑交通便利的区域，或是劳动力相对便宜的区域，或是配套较为完善的区域，不同行业的企业考虑的因素不同，不同类型的企业关注点也不尽相同。而招商引资只有洞悉到企业投资选址的关键决策因素，才能把控核心、对症下药。到底企业选址的决策因素有哪些？我们以企业选址决策模型进行分析。

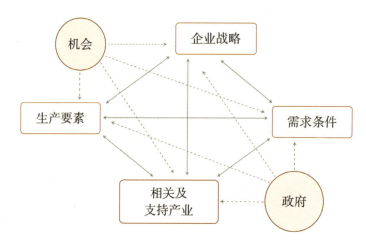

图 3-1　企业选址决策模型图

企业选址决策模型借鉴于"波特钻石理论模型"，其中一类是方形，一类是圆形，分别代表企业内部相关因素和企业外部相关因素。在企业选址过程中，企业内部相关因素包括企业战略、需求条件、生产要素、相关及支持产业，企业外部相关因素则包括政府与机会。

1. 需求条件。需求条件实质上就是市场，也是企业选址最原始的因素。企业投资到某个区域，其产品能否适应当地的市场环境，决定着企业在当地的生存与发展，因此需求条件是企业选址决策的关键因素。在需求条件方面，企业选址往往关注市场需求、市场竞争力及市场空间。例如，对于整车 A 企业而言，其零部件供应商基本上是比较稳定的，区域内已经有 B 和 C 两家供应商，那么汽车零部件 D 企业要想进入该区域，首先需要考虑自身在此区域的市场空间及市场竞争力。如果 D 企业投资当地，是能通过新产品升级或价格优势，形成较强竞争优势，快速抢夺市场？还是通过前期的投建、运营，耗费了高额成本，结果在这个区域没有得到很好的发展空间？因此，需求条件非常重要。作为招商人员，我们需要经常帮助企业进行充分的行业分析、市场容量分析、竞争力分析等，根据分析的数据为企业提供选址的参考支撑，强化企业投资选址信心，加速企业选址的决策。

2. 机会。机会常指行业发展的趋势，例如爆发性的市场、国家出台的鼓励性或限制性文件等。不同阶段国家会提出支持的产业方向，例如新能源汽车。当国家出台了相应的规划政策，对于汽车数量、能耗等相关指标进行控制后，投资者也意识到新能源汽车是未来的朝阳行业，于是迅速进入到此行业进行创业。在这个过程中，很多传统汽车行业也纷纷创建了自己的新品牌，出现了许多新星，例如广汽埃安，在这种背景下得以熠熠生辉，这都是机会因素影响的重要体现。因此，招商人员需要具备敏锐的洞察力，探寻产业未来发展的方向与趋势，才能在对接企业的过程中，深入了解企业并为企业分析未来发展的新机遇与新挑战，赢得企业的认可与信赖。

3. 企业战略。在招商过程中，我们经常获取到某企业今年要进军国外市场，某企业今年会将产品向某个方向靠拢等相关信息，说到底，企业的每一项决策都与企业战略密切相关。企业战略一旦制定后，就会对企业投资区域的发展产生非常大的影响。例如，某企业要将产品布局到东南亚区域，企业接下来将在投资区域成立基础的贸易公司或生产公司，以此控制企业的相关成本，促进企业高效发展。因此，招商人员需要充分考虑到企业的战略因素，首先要重点了解企业的发展方向，例如5年内企业产能要从10亿增加到20亿，基于此战略，企业需要有大量的业务延伸，那么企业的选址也必然随之而来。其次，企业战略还会基于竞争对手的表现体现在区域的布局上，例如苏宁与国美、肯德基与麦当劳。这类企业在布局时会考虑到竞争对手的影响或表现，因此，招商人员如果能洞察到企业相关战略，先人一步快速对接，必将赢得招商的先机。

4. 相关及支持产业。相关及支持产业顾名思义就是产业链的配套。例如，某企业将从上海迁出，但仅考虑距离上海半小时车程的区域。招商人员通过深度挖掘和分析，探寻企业选址对于距离要求的背后原因：一是企业考虑搬迁导致生产要素大规模变动的可能性，例如员工变动问题；二是企业考虑在此区域发展多年，大部分支持产业在周围环绕。如果搬迁到距离上海或长三角较远的区域，企业必然会失去许多相关支持产业方面的原有资源。当掌握了企业选址的关键因素后，招商人员通过针对性的解决方案不断引导和说服企业，最终赢得企业落户。但在以往的招商经验中，很多招商人员获取到该企业搬迁的信息，只一味关注企业选址对于距离的要求，而没有进行深度分析和引导，导致错失项目的情况比比皆是。

5. 生产要素。很多企业选址会考虑到人力、原材料等相关条件，甚至某些条件是企业生产过程中必须满足的需求。因此，生产要素对于企业来说非常重要。招商人员要学会为企业算账。如果企业到当地投资，涉及工人薪资、五险一金标准、员工住宿标准等成本，都需要为企业进行核算，为企业呈现清晰的当地劳动力成本。此外，企业成本还会涉及自然资源的使用，例如水能、风能、用电等，都是企业运营成本。通过核算，让企业充分感受到招商人员的专业、细致和真诚，进而赢得企业的投资。

6. 政府。无论哪个国家或地区，企业的发展都与当地政府的政策支持及政务环境息息相关。企业到当地投资时，当地提供哪些政策支持，打造政务环境做了哪些动作，企业发展服务水平达到什么高度，这些都是企业选址考虑的重点。企业也会反向思考，假设在当地投资可以获得较低的成本和较为完善的配套，但当地的政务环境较差，考虑到未来的发展，企业也不会到当地投资。因此，招商人员在对接企业的过程中，除了了解当地的营商环境和政务环境外，还需要高效地与企业对接，快速回应企业提出的相关需求，用高效率赢得企业的认可。

以上六大因素便是企业投资选址的关键影响因素。为了便于招商人员更好地理解，我们以一个案例来进行详细分析。

案例：××汽车整车项目选址解析

××汽车整车基地项目进行选址，最终落户山东日照。其选址决策因素分析如下：

（1）从需求条件分析。××汽车具有较强的前瞻意识。通过数据分析，预测到国产汽车市场面临着消费升级的必然趋势，加之××汽车对国际市场销量扩张的需求，在此背景下，××汽车推出了面向中高端客户的××系列。由于××汽车近几年在国际市场上进行了相关布局，如在泰国、印度收购工厂，在俄罗斯建立整车生产基地等，因此，在选址方面，××汽车的出口需求加大，成为日后××汽车落户的关键因素之一。

（2）从机会进行分析。对于××汽车而言，机会体现在三个方面：一是新能源车弯道超车的重要机会。国家鼓励新能源车的发展，限制传统车的发展，××汽车在新能源车领域具有较强的发展机会。二是传统汽车行业洗牌的机会。众所周知，2019年很多整车企业靠低价进行竞争，很多缺乏核心竞争力的企业面临着破产的危机。在这种情况下，产能有了新增，一些头部企业补充或占据着很大比重。作为国资品牌的头部企业，××汽车具有很大的机会。三是储备充足的产能扩张机会。××汽车的技术储备、品牌力及国际市场的布局，给了其足够的产能扩张机会。

（3）从企业战略、生产要素、相关及支持产业、政府四个维度进行分析。为什么××汽车会选择日照，而非其他更具有城市竞争力的地区。

首先看企业战略。××汽车的战略分为对标战略和全球化发展战略，都需要相应的港口或货运铁路支撑。这是选址的必要条件。

其次看生产要素。劳动力资源以及同时具备港口和铁路的区位交通，都是××汽车选址的必要条件。招商人员通过对××汽车所需不同层级的劳动力资源及区位交通条件进行充分调研和评估，与竞争区域形成鲜明对比，突显了日照的优势，激发了××汽车选址的兴趣。

表 3-1　各区域区位、交通条件对比

选址区域区位交通条件分析、对比	
选址区域	区位交通对比
A 地	1. 港口建设中铁路还未开建，已有规划
	2. 可以在正在建设的港口范围内划出一块地，填海建造人工港口，需要建设十几公里才可以到深水区
	3. 地块离港口 10 多公里
B 地	1. 港口已挖好一期，已开通到营口等地航线
	2. 能走滚装船（汽车运输用船）.
	3. 推进地块位置在规划产业区，离港口 20 公里左右，表示可以在港口附近给地
C 地	1. 有现成深水港，航线不算多
	2. 推荐了一个之前国企遗留的 7000 多亩生产厂址
	3. 找到了一块离港口较远的土地，都是农田，未来拆迁
D 地	1. 区内无港口
	2. 推荐地块离港口 20 多公里
E 地	1. 深水良港
	2. 备选地块 1000 多亩
F 地	1. 港口深水港，有成熟的线路，经营良好
	2. 备选地块离港口和铁路编组站 1.5 公里
	3. 地块上有一个村庄，已列入本年度拆迁计划

第三看相关及支持产业。整车制造企业对汽车产业的带动作用是非常明显的，如××汽车落户到当地，相应的一、二、三级配套商都会紧跟落户。虽然××汽车对于配套条件不是特别关注，但如果有相应基础，也会给企业留下较好的印象。因此，××汽车去日照考察时，考察路线中特意安排了××汽车发动机和××变速箱两家企业的走访，无形中给考察团留下了较好的第一印象。

第四看政府。在政策方面，当地政府为自己算了一笔账。一是经济账，例如，××汽车落户当地后会产生哪些经济效益？二是社会账，例如，××汽车落户当地后会如何带动就业等？三是效益账，例如，××汽车落户当地后对于汽车产业链带动效益如何？通过算账，当地政府清晰地了解收益来源。除此之外，当地政府也为企业算了一笔账，例如，××汽车落户到当地到底能节约哪些成本？当地政府为企业算得清清楚楚。通过算账，即使部分政策与竞争对手同等，但也能清晰突显出自己的优势，进而赢得了企业的认可。

总之，企业选址模型对于分析企业选址决策具有重要作用，招商人员只有充分洞悉企业需求，抓住企业选址决策核心点，深入思考、分析、研究，才能深入了解企业，进而招引到企业。

（三）企业选址决策原则

通过企业选址模型，我们了解了企业选址的决策因素，招商人员如何搭建全面的选址体系，又如何帮助企业梳理可行的选址建议？可以遵循以下三个原则：

1.先后因素不可逆。先后因素，顾名思义，企业投资选址时，某个因素是前提条件。如果地方政府无法满足这项因素，将被企业直接淘汰。例如，某企业明确表示要在距北京100公里范围内进行选址，对于企业来说地理位置是选址第一考虑要素，如果地理位置不能满足，地方被淘汰的可能性就很大。例如，某企业会将产业布局作为第一考虑要素，因为企业要充分考虑配套的运输成本或竞争对手的业务影响。因此，招商人员要第一时间了解企业选址的必要条件，否则花费大量精力和时间，最终只能被拒之门外。当然，如果某企业设定的条件未经过科学的考量与研究，招商人员就需要充分挖掘企业的真实需求与目的，为当地争取深入对接的机会。

案例：企业选址先后因素分析

某欧洲汽车管路配套企业于 2007 年进入中国，配套奔驰、沃尔沃等传统汽车气路、油路、液压及其他多种管路等产品和服务。该企业计划在 2018 年扩产服务新能源汽车产品，主要配套客户为比亚迪、江淮等新能源汽车品牌。计划投资 2000 万，需要 5000 平方米的厂房，投产后预计产值 2 亿，纳税 2500 万，并委托第三方进行选址。招商人员如何对该企业的选址考量进行分析呢？

首先，招商人员要为企业分析中国新能源汽车整体行业情况，即分析行业现状及未来的发展趋势，并结合目前的发展基础及政府鼓励等方向，从产业聚集的程度去分析企业到哪里投资，相对来说能够形成比较稳定的发展。通过划分片区及区域精准对接，最终从 9 个城市中筛选出符合要求的 4 个城市。其次，在对接过程中，招商人员了解到该外资企业对厂房的要求十分严苛，例如厂房的消防等级。招商人员通过对 4 个城市进行分析、对比，筛选出符合要求的 10 个园区。最后，招商人员筛选完载体后，促成政府与企业见面，洽谈免租期及税收等问题，最终通过谈判落户到意向区域。

通过以上案例，我们发现该企业的选址路径非常清晰，招商人员按照先后因素进行排序：产业布局→地理区域→载体筛选→政策对比→锁定对比分析→确定最佳区域。因此，在招商过程中，招商人员要清晰地了解企业选址的整体脉络，以便更好地把控企业需求，促成项目落地。

案例：企业选址主次因素分析

众所周知，对于医疗器械企业来说，灭菌环节是非常重要的。医疗器械产品要想流通到市面上，必须经过灭菌检测。灭菌环节是医疗器械的工艺流程，其对环保的要求非常严格。很多医疗器械企业因自建的灭菌库不符合国家相关要求，只能借助第三方进行灭菌。某医疗器械企业进行选址，就是要自建符合国家要求的灭菌基地。一方面，企业产品本身需要灭菌；

另一方面，也看中国内的市场空缺。目前企业在长三角区域也有相应的产业基地，因此选址上仅考虑上海周边一小时车程范围内。所以，企业的产品从生产到灭菌再到市场，交通配送是企业关注的重要条件。同时，企业还面临着竞争对手抢夺市场问题，选址非常紧迫。据此，首先，招商人员根据企业对地理位置的要求划分了明确区域，但由于环保、土地资源紧张、产业配套存在隐患等问题，排除掉大部分园区；其次，面对严苛的环保及安评要求，招商人员带着企业的敏感气体、工艺流程说明、防护设备等与各园区进行深入沟通，最终只有苏州和嘉兴可承接该企业。再次，由于该企业对于客户聚集度的要求，最终选择了医疗器械企业较为聚集的苏州作为最佳备选地。最后，在谈判过程中，企业十分关注安监、高科技人才配置、审批流程长短及投产快慢等问题。通过谈判，企业最终落户在苏州。

整个选址过程充分体现了企业选址的先后顺序：地理区位→环保安评→客户聚集→地块条件→供地时间。因此，招商人员在招商过程中要进行反向思考，企业到底受哪些条件影响，影响企业决策的主要因素是什么。如果能找出这些因素并为企业提供相应的解决方案，才能提升项目落户的概率。

2.优中选优不可替。当地理位置、产业基础等因素差异较小的情况下，地方政策导向就有可能成为优势条件。与企业具体需求相匹配的政策条款，有可能成为最终优中选优的决定因素。例如，对需要融资的企业来说，地方政府如能在金融上匹配相应政策，引导金融机构加大对民企，尤其是中小企业的信贷投放力度，并提供融资担保、贴息贷款等政策，则能给企业更多安全感。如果企业对产业集群发展较为依赖，地方政府则可以通过资金扶持、政策引导，支持当地龙头企业组建创新联合体，吸纳中小企业融入产业链。

（四）企业选址工具表

1. 土地项目选址工具表

表 3-2 示例

×× 公司生产基地选址需求分析表		
项目规划		
投资方介绍	股东结构	
	股东占比	
	注册资本	
投资规划	总投资 *	
	固定资产投资 *	
	计划投产时间 *	
产品规划	产品类型 *	
	应用范围 *	
	主要客户 *	
	产线数量 *	
	产线产量 *	
	其他	
土地规划	土地面积 *	
	总建筑面积 *	
	生产车间面积 *	
	仓库面积 *	
	办公与研发楼面积 *	
	其他配套面积	
	其他	
环评	工艺流程 （包括原材料使用、工艺流程简图、三废排放及处理情况说明等，可添加至附件）	
安评	是否有易燃易爆物质的使用或产生	
	是否有放射性物质的使用或产生	
	特殊气体使用	
	其他	

能评	能源消耗	总量：_____t 标煤（用电：万 kW·h/年；燃气：m³/年；用水：t/年）			
财务数据 *					
	过去 3 年（2018—2021 年）*	投产后第 1 年 *	投产后第 3 年 *	投产后第 5 年 *	备注
年销售收入总额 *	＿/＿/＿				企业
销售利润率 *	＿/＿/＿				实力
年纳税总额 *	＿/＿/＿				分析
产业集聚					
原材料所在地区					
同行业所在地区					
主要市场地区					
地区要求					
意向地区	地区一 *：	地区二 *：	地区三 *：	地区四：	地区五：
交通要求					
距高速路口	km				
距铁路站点	km				
距港口	km				
距机场	km				
其他					
人力资源					
需新招工种	一线操作工人	普通技术人员	研发人员	行政人员	其他
需新招员工数量 *					
学历要求					
专业要求					
经验要求					
可提供的薪资范围 *					
员工社保缴纳情况 *					
其他					

注：* 表示必须要了解的信息。

2. 厂房项目选址工具表

表 3-3　示例

		×× 有限公司生产基地选址需求分析表		
		项目规划		
投资方介绍	股东结构			
	股东占比			
	注册资本			
投资规划	租金预算			
	总投资			
	固定资产投资			
	流动资金			
产品规划	产品种类			
产品规划	应用范围			
	主要客户			
	产线数量			
	产线产量			
	技术优势说明			
	其他			
厂房要求	计划投产时间			
	厂房所有权要求	（ ）政府所有；（ ）开发商所有；（ ）私人业主所有		
	厂房结构要求	（ ）单层钢结构 * 数量（ ） （ ）多层混凝土结构 * 数量（ ）		
	厂房总面积要求			
	生产车间面积		仓储面积	
	研发办公面积		空地面积	
	厂房长度		厂房宽度	
	一层层高要求		二至三层层高要求	
	地坪材料及承重要求		二至三层承重要求	
	跨度要求		电力要求	
	厂房周围路面宽度要求		柱宽要求	
	消防要求		消防	
	员工公寓		其他	

续表

环评	原材料				
	工艺流程简图				
	三废处理及排放说明				
安评	是否有易燃易爆物质的使用或产生				
	是否有放射性物质的使用或产生				
	特殊气体使用				
	其他				
能评	能源消耗	总量：_____t 标煤（用电：万 kW·h/ 年；燃气：m³/ 年；用水：t/ 年）			

财务数据 *

数据类目	2016—2018*	投产后第 1 年 *	投产后第 3 年 *	投产后第 5 年 *	备注
产品全球市场总规模	__/__/__				企业实力分析
市场占有率	__/__/__				
全球总销售额	__/__/__				
中国区总销售额	__/__/__				
销售利润率	__/__/__				
出口占比	__/__/__				
年纳税总额					

产业集聚

主要客户所在地区	
原材料所在地区	
同行业企业分布地区	
其他	

续表

区位交通					
意向地区	地区一*:	地区二*:	地区三*:	地区四:	地区五:
距中心城市 要求	km				
距高速路口 要求	km				
距机场要求	km				
距铁路站点 要求	km				
距港口要求	km				
其他					
人才需求					
需新招工种	一线操作工人	普通技术人员	技术工程师	研发人员	其他
数量					
学历要求					
专业要求					
经验要求					
可提供的 薪资范围					
其他					

注：*表示必须要了解的信息。

第二节 企业选址流程解析

从企业产生选址需求到投资落户，会经过计划制订、区域筛选、深度考察、合作谈判、评估决策、执行计划六大阶段。这些阶段是决定企业能否落户的关键阶段，也是招商人员需要重点关注的环节。

图 3-2 企业选址流程图

（一）计划制订

企业选址是一项非常重大、慎重的决定，需要进行充分考虑和研究。甚至有些企业将投资选址计划都已制订好，也会因战略发展而取消。尤其是外资企业，会因我国的发展形势、国际关系等因素影响选址计划的推进。但这个步骤非常重要，往往企业会向咨询公司或是熟悉的政府招商人员寻求建议。

关于计划制订，招商人员要做两方面的工作：第一，凡事预则立。招商人员要尽早介入企业制订计划的过程中。最有效的方法是根据当地主导产业重点企业名录进行定向挖掘。招商人员要与企业建立长期的联动关系，哪怕企业近几年没有投资计划，一旦企业战略规划选址，招商人员就能与其快速互动、赢得先机。第二，望风而动。要培养招商人员关注经济类新闻的习惯，并学会从新闻中发现内容，从招商的角度分析每个新闻对招商引资带来的后续影响。

案例：一则新闻引发的招商机遇

某招商人员日常有关注新闻的习惯，某天爆出了农夫山泉水质在北京区域有问题，要被清退出市场的新闻。这则新闻引发了招商人员的一系列思考：北京作为农夫山泉的重要市场，农夫山泉不可能轻易放弃，如被清退出北京市场，下一步是否会重新考虑选择水源地呢？带着这样的疑问，招商人员通过微博找到了农夫山泉的品牌运营对接人。通过对接了解到企业正计划选址，也正是源于招商人员及时的动作，企业最终落户在了天津蓟州区。通过此案例可以发现，要从相同的信息、新闻中挖掘到不同的招商机遇，敏锐的洞察力是关键。

（二）确定区域

1.第一阶段：企业政府初接触

一旦项目投资的驱动因素确定后，企业根据自身需求，对市场规模、产业链集聚情况、投资风险、投资条件等因素展开分析，从而在目标区域范围内，敲定 3 ~ 5 个候选地。随后，企业会开始着手与政府进行接触，了解各个地区的产业基础、政策导向、营商环境等。

然而，大多数企业内并没有设立专门的选址部门，所以企业有可能会通过各大高端论坛向企业、商会协会等机构寻求多方支持，或直接咨询专业投资选址服务机构。

此时，政府需要主动出击，挖掘企业有可能存在的论坛、机构与渠道，特别是与园区产业定位方向一致的产业协会和专业的招商引资机构，往往聚集着优质的潜在目标客户。需要全面扫描线上线下可能存在的选址信息，对企业进行"饱和攻击"，快速锁定目标，抢占与企业对接的先机。

初次对接后，招商团队要对企业初步了解，包括企业投资计划动因、核心关注点、目标区域等，并快速对评估项目安排后续对接动作。根据项目体量、落地紧急的程度等，调动各方力量参与其中，为企业提供真实有效的信息，提前为后期企业考察做足准备。

在此阶段对接企业过程中有两点提示：

（1）对接的质量问题。很多时候，我们会接到企业的电话，询问我们区域的情况，或是企业委托一些咨询机构发来调研问卷。不同的招商人员会采取不同的态度和方式进行对接。但是，有些招商人员后续跟进时，发现企业对接人联系不上了，或是对方拒接电话，企业目前的情况也无法继续探知。殊不知，在第一通电话时，企业已经筛选出不符合需求的区域。初次电话沟通，企业往往带着一些想法或疑问与招商人员进行确认。如果在第一通电话时，招商人员一问三不知，或者未意识到企业的核心关注点，那么所在区域很有可能被企业淘汰；即使没有被淘汰，也不会排在筛选区域排名靠前的位置。因此，招商人员要重视企业的咨询电话或咨询机构的调研问卷，并且注意电话沟通的质量及问卷填报的质量。

（2）提供材料的精准性问题。企业在对接前期，由于对当地认知有限，往往会向招商人员索要当地较为专业、详细的资料及图表等，通过评估确认当地是否符合自身选址需求以及是否能进入到选址的待选区域。但是，很多招商人员在对接过程中并没有意识到此环节的重要性，提供给企业的资料过于敷衍，甚至不能及时回复，导致此区域被企业淘汰。

案例：资料完善的重要性

项目背景：某企业计划选址，要求园区提供以下资料：总图、建筑结构图、排水消防图、火灾报警图、暖通图、强电图及弱电图、地勘报告等，以便对厂房进行初步评估。企业同时对接三家园区，第一家园区迟迟不回复，被企业排除；第二家园区回复较为及时，但是资料没有按照企业要求进行发送，只是发送了园区的通用资料，没有针对性，也被企业排除；第三家园区不仅反馈及时，除了按照企业的要求发送了相关资料，还发送了针对性的项目承接方案及地块分析方案，赢得了企业的认可，被企业列入名单靠前的位置。

1. 项目承接方案.doc　　　　2. 推荐方案一结构图.dwg

3. 推荐方案二结构图.dwg　　4. 推荐方案一电施工.dwg

5. 改雨水总图.dwg　　　　　6. 改(增加喷淋管)给水消防总图.dwg

7. 改污水总图.dwg

图 3-3　第三家园区回复内容清单

以上案例可以说明提供材料精准度的重要性。有些材料如消防图、建筑图、强电图、弱电图等，如果园区无法提供，企业将无法做出评估，势必会被企业排除。企业之所以索要以上材料，一方面可以评估载体的质量，另一方面也可以评估载体的手续是否齐全、成熟。因此，招商人员要心中有数、行之有度、操之有方。

2.第二阶段：企业开启初次考察

园区接待企业考察时，要目标明确且精心准备。通过前期对接及资料提供，发现园区刚好符合企业需求，此时企业会提出到园区进行考察。园区要充分发挥自身优势，明确两个目标，一是给企业留下良好的第一印象，二是让企业考察有所收获。那么企业初次来访，会关注哪些内容呢？

（1）企业会关注接待人员的级别、专业度及姿态。企业往往认为在该区域发展很大程度上与当地领导的专业度及视野有很大关系。因此企业对园区的首次印象大多是通过个人感受去评判。

（2）园区要主动且全面地梳理企业需求，能够系统、针对性地介绍园区情况。很多企业并没有强大的选址专业度，招商人员日常接触的企业类型较多，可以通过自身专业知识帮助企业梳理选址过程中的重要因素、重要环节，并且帮助企业明确选址线路。这样一来，企业选址会朝着对园区有利的方向发展，同时也会引导企业思路与园区一致。然而，很多园区在企业来访时，经常仅介绍园区的基本情况，而没有进行深入的沟通以形成互动，企业会觉得此行没有收获，对接便不了了之。因此招商人员要适当掌握企业相关行业的知识及信息，包括近期的新闻热点，与企业进行有效、深入的交流。所谓企业获得具体的收获，是指招商人员能在三个工作日内高效提供可行方案，一方面增强企业认可度，另一方面推动企业决策进程。

（3）园区要充分了解企业的情况，具体需要了解如下内容：

①选址原因：企业到底出于哪些原因及角度进行选址，明确了原因往往就会引导出企业真正的决策因素。

②企业背景：招商人员在招引项目的过程中，经常需要评估企业能否满足当地区域的发展需要，投资额、纳税额是否达到当地标准，是否是真实项目，企业质量是否如企业所描述的一样。

③项目背景：招商人员了解到企业是一家大型企业，需要评估该企业是否是新投资的项目及发展前景如何，还是项目已相对成熟，现需要直接搬迁。招商人员可以通过投资额、预计产出、计划周期、产品市场占有率、供应商、客户分布、科研力量投入等角度进行分析，为评估企业未来纳税及当地匹配政策提供依据。

④行业背景：首先便于政府与企业进行有效互动，其次也是对项目质量的评判依据。招商人员可以通过基础产业调研，例如数据、链条、难点痛点、发展趋势等方面进行分析，评估是否需要花费大量精力在该企业上。

（三）深度考察

在此阶段，企业通过各个地区的实地调研之后，会敲定 1 ~ 3 个相对符合预期的地方政府，并开展更加深入的考察。其内容涉及更多细节，例如地方基础设施建设是否满足企业生产标准、当地企业是否有可合作的伙伴、公共设施是否能承载企业的到来等。在此过程中，企业也会从自身出发，根据地方情况，确定出资模式、合作模式和落户模式。

然而，不少企业在此过程中会出现空想、空谈的情况，不清楚如何将项目具体地落地。因此，专业的事情就要交给专业的人来做。

面对这种情况，招商团队应掌握主动权，充当项目落地的策划者。了解企业的基本想法与核心诉求后，针对性快速整合当地产业、企业、土地成本要素、市场合作机遇、基金投资等资源，为目标企业提出可实施的发展路线图。如果对方企业属于生物医药、半导体、新能源、新材料等专业技术壁垒较高的产业，招商团队也可邀请相应的行业专家针对企业的核心需求进行挖掘。

（四）合作谈判

在此阶段，企业会与最符合的地区进行交涉谈判，针对最关键的核心问题，尽可能争取优惠政策与政府支持。此时谈及的问题，基本都是企业发展的痛点与关键点。如果招商团队把握好时机，帮助企业算好"落户账"，确定盈利模式、发展路线，预测投资收益，能否吸引项目落户就看这"临门一脚"。

每个企业的核心关注点都不同，这就考验招商团队能否在前期准确挖掘，并提前寻求地方其他部门的支持，例如律师、载体建设团队、生态环境局、药监局等。除了常规政策，招商团队可以提供"一企一策"的服务，适当给予项目专项支持，体现当地办事效率。但也要预设底线，避免引入项目的成本过高，适得其反。

如果在此阶段，招商团队发现企业减少了和自己对接的频率，就要加强主动沟通，为企业提供更加细化的扶持政策、落地方案、资源要素、产业集群上下游基础、市场发展机会等，尝试再次吸引企业的关注。

在谈判阶段，政府需要配合企业的方式去谈判，并注意以下三点：

（1）谈判的周期：很多招商人员表明政府有自己的决策流程，相对较长，需要层层决策才可以给企业反馈。但是，我们还是要视企业需求而定。如果企业需求是要快速投产，为了把控竞争优势，我们要顺应企业需求，快速推进流程，缩短审核周期。要知道，招商引资的速度就是地方政府的速度比拼。

（2）画脸谱：画脸谱顾名思义就是要招商人员去判断谈判的对象。不同的人关注的利益出发点和考虑的核心是不同的。给大家最重要的一点提示就是要去看谈判对象的利益出发点在哪里。不能对待所有人都用同一种谈判思路及谈判内容，而是要分析对方的心理状态，对症下药。

（3）谈判方式：谈判方式要随着项目情况而定。很多园区将会议室设计成咖啡厅或隔间，企业到园区后感觉氛围相对轻松，无论谈判能不能达成一致，至少双方状态比较放松，反而能聊出很多项目的真实情况。政府对企业的情况了解越多，提供的信息就越能符合企业的需求。相反，在规矩的会议室里进行谈判，企业往往会比较拘谨，很多信息会有所保留，不利于政府获取更多的信息。

（五）评估决策

在此阶段，企业将进入最终评估决策，确定最终名单。很多招商人员表示，企业最终是由自己做决策，我们根本无法介入进去，其实不然。这里有几点提示：

（1）知己知彼。招商人员要清晰地评估所在区域与其他区域的优劣势，由与企业深入沟通的人员去获取信息，了解对方提供的哪些优势条件是我方不具备的。

（2）强化优势。往往竞争对手区域与我方区域相差不会太大，招商人员要充分了解双方区域优劣势，通过双方优劣势对比，明确我方绝对优势，扭转我方劣势。

（3）优化好感。通过提供专属服务，如为企业开通绿色通道，快速为企业办理需要的相应业务，让企业意识到我方的诚意、速度及专业度。

因此，在最后时刻，招商人员也不要放松或放弃。越到最后时刻，企业的疑虑就越多，我们要抓住企业的核心需求，紧盯不放。

（六）执行计划

在此阶段，企业已经开始进行投资计划，着手准备各项手续和流程办理，重头戏刚刚开始。由于刚到一个新环境，不少企业处于茫然状态，对当地的审批行政流程不熟悉，此时政府的服务格外重要。只要投资款还未到位，企业就还有可以思考的余地。因此，企业会通过审批效率、办事体验来感受当地营商环境和服务质量。这不仅是企业检验园区最好的时刻，也是体现政府服务企业质量的有力证明。

在这一阶段，招商人员应做好如下事项：

（1）了解项目建设的需求，协调其他政府部门开展服务，提供企业建设所需的条件。

（2）跟进项目投资落实情况，防止减资或改变原投资计划。

（3）适当加速项目建设、投产，尽快为本区经济发展做贡献。

（4）开展以商引商，引进与项目相关的其他项目。

在此阶段，企业服务是第一招商力。我们通过一个案例来分析企业服务的重要性。

案例：企业服务反面案例分析

2018 年，某高新技术企业掌握了某项生产的核心技术并计划生产，最终在某国家级开发区计划拿 40 亩土地建设生产基地。当地政府承诺 2019 年中期让企业走招拍挂并拿到相应资质。为了解决企业现阶段生产问题，先划分了一座厂房给企业，表示到期后一定履行承诺。企业从 2019 年初开始协调当地政府，但当地政府屡次拖延，一直到 2020 年中期，当地政府依然没有相应动作。于是企业指责当地政府服务能力差、公信力有问题。同时，快速启动新的选址工作，最终企业迁出了此园区。

以上案例充分说明了企业服务的重要性。在企业选址模型中，企业十分关注政府因素里的政务环境，所以政府一定要说到做到，对企业不乱承诺、不夸大承诺，以免前功尽弃，为他人做嫁衣。

总之，通过对企业选址原因、选址决策因素、选址原则及选址流程的掌握，招商人员可把控不同类型企业需求，并针对性地制定解决策略，为企业落户打下坚实基础。

第三节　优质项目信息挖掘

如果把整个招商工作比喻成一座大楼，项目信息就是建造大楼的一砖一瓦，是基础建筑材料。即便有一流的招商团队、丰富的招商谈判技巧，但若缺乏大量的项目信息作为基础，招商目标也难以达成。

这就需要招商人员在工作和生活中有敏锐的嗅觉和超前的意识来捕捉项目信息，通俗来讲就是职业病。比如普通消费者去超市购物，关注的一般都是生产日期、保质期等，而对于招商人员来讲，首先关注的则是生产厂家、企业地址等信息，继而深入思考该企业在当地是否开设了分支机构？如没有，是否能够引进？

案例：2000 名审核编辑招聘信息的深入思考

某招商人员通过一条短信获悉某企业需要招聘 2000 名审核编辑。招商人员对此做了三点分析：一是从招聘人数可以判断该企业的规模非常庞大，应为行业的知名企业或是龙头企业；二是从岗位类别可以判断该企业所在行业应为影视传媒或网络新闻媒体，甚至是时下比较流行的直播平台；三是如果该企业仅是现有公司的人员扩充，办公场地不可能瞬间满足 2000 人的场地需求，只能说明该企业需要设立一家新的公司，那么现阶段一定需要寻找面积较大的写字楼等办公场地。结合以上三点分析，招商人员立即进行搜索、对接、筛选，确定该企业为某知名直播平台，通过层层对接，最终赢得了企业落户。

（一）线下招商

1. 以不同人群为划分维度

（1）以商招商。以商招商，就是借助企业的信息渠道、商务渠道、人脉资源进行招商引资活动，通过已引进的企业来吸引其他企业落户。

（2）关系招商。关系招商有很多种类，如校友招商、乡贤招商、亲戚招商等，也就是通过发掘自己的校友、老乡、亲戚等作为项目来源。例如，武汉市曾经开展了为期一年的校友招商，吸引了以雷军为代表的一大批武汉知名企业家进行投资。

（3）全民招商。如今的全民招商，指的是一种"上下同欲、左右协同"的科学机制，是调动所有部门人员的积极性，营造一种全民参与意识和氛围。例如，药监局可以在招引生物医药企业时担任顾问的角色，发挥专家作用为招商工作带来助力。

2. 以不同渠道为划分维度

（1）渠道招商。渠道招商是政府通过招募代理商的模式，与第三方渠道、平台建立合作，进而引进项目资源。

（2）协会招商。行业协会不仅是工商界精英荟萃的群团组织，也是企业家汇集的地方，拥有许多产业园区直接相关的资源。行业协会对于市场、资本、商品、技术、人才等信息有很高的敏感度，对于产业园区的招商引资能起到很大的促进作用。

（3）产业链招商。核心点是"链式效益"，定向招引产业的原材料、辅料、零部件等上下游企业。前期需要了解企业之间的密切关系，深入分析主导产业的产业链及其存在的问题，筛选查找出目标企业，才能实施有针对性、目的性的招商。

（4）招商活动。招商活动已成为各地政府开展招商引资工作的重要内容之一。一是对当地环境进行推介，对当地政策进行宣传，吸引参加活动的企业代表和投资者；二是对当地商机进行发布，针对项目进行重点洽谈，有效吸引客商到当地进行项目投资；三是建设当地招商渠道，进行人才引进，将引资、引项目、引人才有机结合，提高区域人才的竞争力。

（5）展会招商。通过参加各个产业的学术峰会、洽谈会等，对本地发展环境进行集中展示推介。展会招商能够聚集目标企业，面对面答疑解惑，并且能在短时间内反复触达企业，因此这种方式效率较高。

（二）"互联网 +"招商

产业链招商、以商招商等线下招商需要招商人员经过长期知识、经验与资源的积累和沉淀才能有突破。想要挖掘成本更低、效率更高的有效渠道，则可以考虑"互联网 +"招商。就像企业在初期选址时，也会先通过网络了解各地信息一样，招商团队同样可以通过网络更快速地捕捉项目信息。那么，招商人员如何借助互联网实现快速高效的挖掘项目信息呢？

1. 主动出击挖掘优质项目

在本章开头，我们分析了由一则新闻报道引发的招商机遇，即农夫山泉项目。结合此案例，招商人员在挖掘项目信息的过程中需要具备以下能力：

（1）敏锐的洞察力。敏锐的洞察力是优质项目信息挖掘的关键。招商人员可通过一些时事新闻去发现、挖掘招商信息。在农夫山泉的案例中，正是招商人员敏锐地察觉到了其中的商机，才促成了项目的最终达成。

（2）快速的反馈机制。对招商引资来说，时机是非常重要的。在拥有敏锐洞察力的同时，招商人员要培养自己快速的反馈机制，比如前期材料的准备、组织领导参与接待等，尽力把项目前期的沟通成本降到最低，这也是能够快速获取对方信任的一种方式。

（3）同类信息调研。在优质项目信息的挖掘中，招商人员往往需要耗费大量的时间和精力。那么如何提高优质项目挖掘的效率呢？同类信息调研就是很好的方式。通过同类信息调研，我们可以做到以点带面，由一个项目信息辐射多个项目信息。不仅节省了时间成本，而且由于同类信息深度不断拓展，专业知识得到不断积累，进而提高了优质项目挖掘的成功率。

（4）创新挖掘方式。项目信息的获取并不只有常见的方式，优质项目的挖掘大多都是从一些意想不到的细节中展开的。招商人员了解到企业的潜在需求后，通过企业的官微进行联系就是打破常规的做法。也正是这样"不够正规"却又"恰到好处"的方式，成为优质项目抓取的点睛之笔。

（5）延展性思维。延展性思维大多立足于项目落地之后，基于该项目的深度分析展开。比如对配套企业的挖掘、对产业链的整体把握等，一般可以从横向和纵向两方面展开。例如，随着农夫山泉项目的落户，招商人员并未止步，而是对其产业链上的企业进行了深度挖掘，并将其配套企业也引入进来。除了纵向的产业链，招商人员还进行了横向挖掘，将同行业的百岁山、怡宝等企业也接连引入进来。

（6）细心与耐心。项目落地一般需要很长的周期。对于优质项目来说，由于前期挖掘的"主动性"，更需要进行大量的信息采集和数据分析。因此，招商人员要具备极强的细心和耐心，才能保持热情，周密地促成项目的最终落地。

2. 产业链体系运用

案例：打响"一汽大众"招商战

2016年5月18日，一汽大众华北基地开启奠基仪式，项目基地位于天津某区，占地面积9.84平方公里，总投资29亿美元。一场针对一汽大众配套商的招商战役正式拉开了序幕。某招商人员针对此战役开展了一系列动作，具体如下：

（1）企业名单。既然要将产业与行业体系化，招商人员首先通过网络搜集到企业配套商的名单，并将名单转化成联系方式，通过电话拜访的形式进行挖掘。

（2）行业网站。聚合性行业网站，往往是一个行业的大数据信息管理平台。通过行业网站，招商人员可以了解最新的行业动态和企业信息，某些行业网站也会有企业配套商相关信息。例如，在盖世汽车网上搜索"长春一汽大众"，就可以找到一系列一汽大众配套商名单。招商人员通过该类行业网站进行定向挖掘，最终挖掘到三家优质项目企业，并成功促成了这些企业的落户。

（3）百度地图。招商人员在百度地图上搜索"长春一汽大众"，弹出很多定位，将其放大后发现基本都与汽车行业相关且十有八九是一汽大众的配套商。最终，挖掘到了两家企业，并成功促成了这些企业的落户。

总之，招商人员通过互联网的方式，利用产业链体系，打赢了一场漂亮仗。

3. 行业体系运用

行业体系最常用的便是工商数据系统，如企查查、天眼查、启信宝等，可挖掘所需的相关企业信息。

案例：智能制造产业挖掘——工商信息挖掘方法

2017年初，某市提出大力发展智能制造产业相关策略。考虑到智能制造产业大多活跃于北上广深、江苏等经济发达的区域，从区域可行性来分析，该市首要考虑的区域就是北京。锁定了目标区域，招商人员通过企查查、天眼查、启信宝等工具平台进行企业工商信息的挖掘。通过提取一些关键词如"智能""自动化"等，获取了大量企业信息。招商人员与检索到的全部企业一一进行电话对接，最终确定了某企业的合作意向。

4.挖掘隐藏信息

招商人员进行项目信息挖掘时，需要善于发现隐藏信息，通过细节获取现有信息之外的情报，而这种信息挖掘还可以起到甄别核查的作用。

案例：冰山一角下的项目挖掘

近年来，新材料产业作为战略性新兴产业被各地高度重视。某市有一定新材料产业基础，为加速产业集群的转型升级，当地领导对产业链延链、补链提出了更高要求。为此，一线招商人员开始在挖掘优质项目信息上探索新的方式和方法。他们在网上大量搜集有关新材料细分领域的期刊报告，发现证券类报告中，有很多关于头部企业发展现状、未来布局与趋势的分析介绍，他们在其中发现不少可招商的项目对象。随后的一段时间，当地招商人员集中精力开展对接，为当地新材料产业链招商开了好头。

总之，优质项目信息的挖掘渠道与挖掘方式不是一成不变的。需要招商人员独创思路、独具慧眼、敏锐洞察，才能挖掘到他人无法洞悉的项目情报，为招商引资工作储备充足的优质项目。

第四章

招商实战之项目研判

第四章　招商实战之项目研判

从众多项目信息中筛选出真假项目及优质项目是招引项目的前提。本章将为招商人员分析项目的研判技巧，以促进项目成功落地。

第一节　项目研判意义

项目研判的意义主要体现在两个方面：一是自身维度，招商人员在获取项目信息时，应关注其重要信息及要素，通过研判优化精力分配，节省项目对接的时间和人力成本；二是服务维度，招商人员对项目情况、企业真实需求、项目方态度了解得越透彻、越清晰，则越能针对性地给出解决方案，提高对接效率，增加落地概率。因此，项目研判能力是招商人员必备的。

第二节　项目研判技巧

结合招商引资全流程，项目研判主要分为四个方向，即研判招商目标、研判项目真假、研判项目质量、研判项目与园区匹配度。

（一）研判招商目标

研判招商目标需要招商人员"知己知彼，谋定而后动"。

图 4-1 研判招商目标流程图

例如，在新能源汽车中，核心的动力电池属于锂电产业。招商人员首先需要分析当地是否适合发展锂电产业，包括产业上下游及具体环节、每个环节的不同需求（如在用电方面、人才方面、政策方面的分析）。其次，招商人员还需掌握自身的产业优势，例如某环节用电量很高，当地电价及电量等保障要素能否满足企业的需求。在研判招商目标时，产业图谱能起到至关重要的作用，我们以锂电产业链为例进行分析。

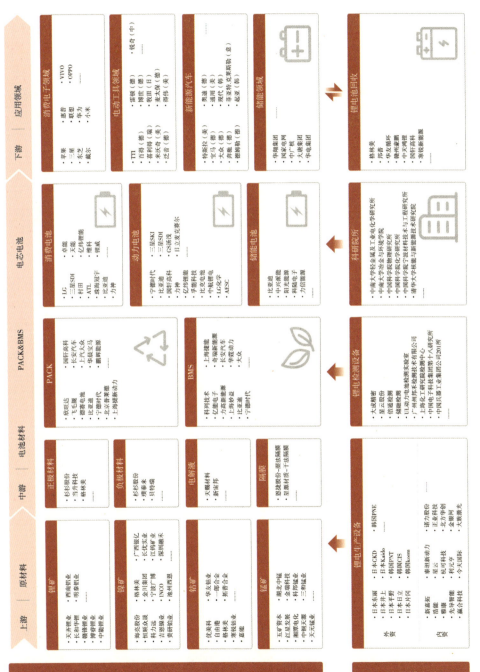

图 4-2 锂电产业链图谱

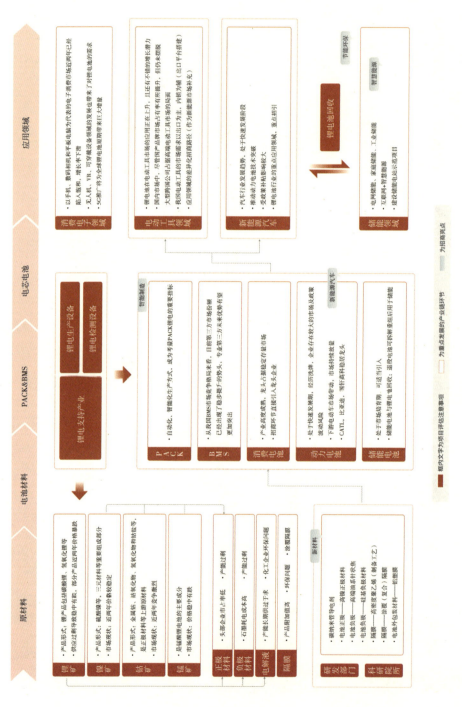

图 4-3　锂电产业招商图谱

通过锂电产业链图谱及锂电产业招商图谱，招商人员可清晰了解到以下内容：

①锂电产业从原材料、生产到应用领域构成的产业链上下游生态；

②产业链各环节及环节间的上下游关系；

③每个环节的代表性企业，以及评估方式与方法。

这些对于招商引资工作都起到事半功倍的作用。

以动力锂电池为例，它是新能源汽车非常重要且技术含量很高的模块。通过上图，可简练、精准、清晰地指出动力锂电池目前处于快速发展阶段及企业存在较大的市场、政策波动风险。随着产业发展及企业的增多，政策将会进入到过渡期甚至退坡期。在没有政策支持的情况下，该产业能否进行持续的发展？此外，结合产业营收情况分析，如果当地引进后，能否保障该产业较好的产能与销量？还需考虑该产业链的龙头企业在头部企业中占比较大还是占比较为分散？了解以上信息对于我们评估项目具有重要意义。

（二）研判项目真假

招商人员锁定了招商目标，接下来要研判项目真假，从而把准优质项目。

1.虚假项目类型

（1）身披"洋外壳"：以外资项目吸引政府，项目方往往都说是来自韩国、法国等地的著名品牌，利用品牌效应，屡屡以瞒天过海、移花接木、李代桃僵的伎俩圈钱圈地，实际上只是一个空壳。

（2）声势浩大型：网站上有铺天盖地的广告，对品牌进行层层渲染；再就是设立好耐人寻味的插曲，往往此项目方品牌非彼项目方品牌，让地方政府难以分辨。

（3）拆东补西型：口口声声家底厚，年产值过于夸张，其中水分一定不少。上报给地方政府的一些数据显示企业实力非凡，仿佛能给地方财政带来不少收入。但实际上，企业本身资产负债很高，想利用优惠政策、土地抵押拆东补西。

（4）故弄玄虚型：一些神神秘秘的投资商，装作来头很大，但公司名头、业务领域、财务账目等都无法查询，很可能是投机商。

（5）狐假虎威型：有些投资商总爱装出高深莫测、来头很大的假象，要么说是领导的朋友，要么说自己有特殊背景和庞大关系网，这类企业应当谨慎对待。

（6）身戴高帽型：许多半导体、新能源汽车等领域的企业，拿着"PPT"跟地方政府画大饼，套上"中国芯""造车新势力"的帽子，大肆宣传项目可以"弥补国内空白"，然后匆忙开始实施。实际上企业既没有钱也没有技术，最终以失败告终。

上述类型的企业往往会利用政府招商引资的迫切心理，骗取补助与优惠，得手后转身走人，政府"竹篮打水一场空"。尤其是当对方落地心切时，招商人员一定要加强警惕，防止企业有其他企图。

2.项目真假速判关键

招商人员识别了虚假项目的各种类型，那么如何快速预判项目真假呢？

（1）真项目：由于是真实的投资需求，所以对接人对项目情况较为熟悉，尤其是对细节能清晰表达。在对接过程中，对接人关注的内容会和项目本身有关，如园区的载体情况，是否有相应载体可以承接此项目等；其次会关注园区的入园门槛以及投资的相应成本。

（2）假项目：由于是虚假的投资需求，所以对接人对项目情况不了解，对项目细节描述含糊其词。在对接过程中，对接人的关注点与项目落地关系不大，往往关注领导的联系方式，或关注项目引荐奖励政策等。

图 4-4　快速判断优劣项目

3.项目真假速判方式

项目速判方式可运用四部曲，即一听、二看、三问、七查。

（1）一听：是指听取项目沟通的电话录音，初步判断对接人基础意愿度、企业项目信息的真实性，以便为下一步对接进行补充。

（2）二看：是指查看项目背景，了解此项目的背景情况，从前期沟通信息中提取有效信息，确认项目来源与企业需求，便于进行综合判断。

（3）三问：是指对企业相关信息进行查询，如对接人身份、企业注册信息、企业官网信息、企业注册资本、主营业务、产品及市场布局等，判断企业是否有实力进行投资；也可查询与企业相关的信息，如上下游配套企业、同行等；甚至可查询企业负面信息，如环保问题、企业负债率、企业纠纷等。以上信息都可以帮助我们去评判项目的真实性与质量。

图 4-5 核查企业信息图

（4）七查：是指对企业进行"5W2H"询问，具体如下：

①Who（谁）：我们与项目方进行第一次电话沟通时，首先要了解企业名称、投资方、投资主体（投资主体可以是一家企业，也可以是多家企业，还可以是个人）、主要合作伙伴等相关信息。其次需要确认对接人在企业或项目中的职位，进而判断对接人是否是企业选址的关键人。

②Where（何地）：了解企业目前所处区域及计划投资区域，方便我们判断企业的意向选址区域、选址关键因素及竞争对手或潜在竞争对手等。如企业意向选址华南区域，我们可以初步判断竞争对手的范畴，便于对竞争对手进行详细分析，通过对比突显我方优势，吸引企业投资目光。

③What（何事）：了解企业计划投资的具体要求和对载体的需求，以及生产的产品和相应的工艺流程。通过载体需求可以衡量当地是否能满足企业需求，并且通过企业的载体需求判断企业的真假与质量。如长城汽车在山东选址时，计划需要 5000 亩土地，这个需求引起招商人员的怀疑，

经过层层验证后发现企业计划建设整车生产基地，项目信息得到认证。此外，了解企业生产产品、工艺流程，有助于评判企业的质量与发展前景。

④ When（何时）：了解企业的选址周期和目前所处的选址阶段，对招商人员前期了解信息非常重要。如果企业的选址周期相对较短，说明企业选址较为急迫，在确定此项目真实并符合当地要求的前提下，我们要快速推进选址流程，把握招商节奏，否则这个项目可能就流失了。

⑤ Why（为什么）：了解企业进行选址的原因和真实意思，有助于判断企业的真实性和项目的可行性。

⑥ How（如何进行）：了解企业预计投资额、预计税收、选址团队、选址责任人等内容，并向企业索要项目投资计划书及可研性报告，这两个文件会详细介绍投资项目的具体实施方案。

⑦ How much（多少）：了解企业的投资情况，如设备情况、固定投资额占比、资金来源、产值、纳税等。通过提问，再结合投资计划书与可研报告，做进一步对比、梳理。

结合以上项目研判的技巧，我们以一个案例来进行分析。

案例：项目真假研判分析

某珠宝销售企业咨询江苏区域优惠政策，对接人未透露企业名称，仅表明企业在某市去年的纳税额达到亿元以上，现计划在江苏区域寻找写字楼，需求面积未明确，对于企业产值、纳税等相关信息也未明确。针对以上情况，招商人员在搜索关键人信息无果后，通过同事了解到该企业是江苏民营上市公司，去年纳税近2亿，主营业务为珠宝销售。招商人员快速对国内民营上市珠宝公司名单进行梳理，锁定江苏唯一的上市企业，通过对接与企业方建立联系，并核实证明了企业选址的真实性。

（三）研判项目质量

确定了项目的真实性，那么如何研判项目质量呢？研判项目质量一方面是对项目基本信息进行研判，另一方面是对项目详细信息进行研判。具体如下：

表 4-1　项目优劣研判表

项目基本信息	项目详细信息
企业名称	投资主体信息：成立时间、工商信息、股东架构、主要客户、行业地位等
企业类型（内外资）	
所属行业	主要产品信息：产品内容、生产工艺及技术水平、目标市场、产品运输方式、上下游产业链
项目产品	
意向地区	经济效益信息：产品成本、销售收入、利润预测、投资回报期预测、市场及经营情况分析等
需求载体及面积	
投资总额（万元）	环境影响信息：产生三废情况、产生三废的工艺环节及原因、排放物名称及排放量、三废治理措施及治理成本等
固定资产投资（万元）	
预计产值（万元）	其他必要信息：项目投资原因、项目时间进度计划、能源需求、劳动力需求等
预计税收（万元）	

（1）投资强度：即固定资产投资额（包括厂房、设备和土地价款）除以土地面积，是衡量开发区土地利用率的重要标准。

（2）产值：产值是以货币形式表现的，指工业企业在一定时期内生产的工业最终产品和提供工业性劳务活动的总价值量。

（3）知名企业：企业是否为中国 500 强、世界 500 强、区域龙头企业、行业龙头企业。

（4）产销状况：企业产品供需关系，市场占有率、份额，全国或区域市场占有率排名。

（5）亩产税收：纳税人所占用单位土地面积（每亩）在一个会计年度内所产生的税收情况，是衡量纳税人占用土地面积与税收贡献度的重要经济税收分析指标之一。

（6）行业热度：对企业收入水平、稳定性、行业发展、技术含量、市场供需五个方面进行分析。

（7）年利税：指企业年产品销售税金及附加、增值税和利润总额之和。

（8）原材料供应条件：主要包括对主要原材料的品种、数量、规格、质量、价格、来源、供应方式和运输方式进行分析。

（9）投资构成：总投资占比，如设备投资，土地、厂房投资，研发投资和流动资金。

（10）财务状况：评价一个企业的财务状况可以从偿债能力、盈利能力、营运能力等方面进行分析。

（11）偿债能力分析：反映企业偿付日常到期债务的能力；长期偿债能力是指企业对债务的承担能力和对偿还债务的保障能力。

（12）盈利能力分析：销售净利率是反映企业盈利能力的主要指标；通过分析资产净利率，可以评价企业经济效益的高低；净值报酬率是投资人评价投资回报的指标。

（13）营运能力分析：反映了企业对经济资源管理、运用效率的高低。

（14）企业税负率：税负率是指增值税纳税义务人当期应纳增值税占当期应税销售收入的比例。

（15）企业利润率：利润率是剩余价值与全部预付资本的比率，利润率是剩余价值率的转化形式，是同一剩余价值量以不同的方法计算出来的比率。

（四）研判项目与园区匹配度

一旦确认了项目的真实性和优质性，就需要研判该项目与园区的匹配度。

1.园区项目偏好

（1）环保先行：环保问题是大多数园区把控的关键。许多园区具有环保一票否决制度或环保总量控制制度。当碰到具有环保问题的优质项目时，即便当下园区促成了企业落户，但环保始终是巨大的隐患，未来几十年甚至几年内企业会面临二次搬迁。这无论对于企业还是对于园区都是非常大的损失。因此，招商人员在对接项目时，环保是优先考虑的重点因素。

（2）产业配套：项目所属产业与园区的主导产业匹配度越高，越能获取园区的关注，对于当地产业与经济的拉动作用越大。

（3）投入产出：原则上，项目的投入产出越高，越容易获得政策扶持，落地的概率也会越大。

（4）选址周期：项目的选址时间、计划、进度和落地的决策周期越短，就越受园区的欢迎。一般来说，开发区是以年度为单位进行考核，如果项目能在同年快速落地，就会受到园区高度重视。

了解了园区对项目的偏好，那么好的项目一定符合园区需求吗？好的项目一定会落地吗？其实不尽然。

案例：因硬性标准错失好项目

某航空维修设备企业计划在江苏寻找 20 亩土地，总投资为 5000 万，项目投产后产值达到 3000 万。该企业是 × 航的主要供应商，目前在上海租赁了厂房，第二年 4 月份到期，搬迁十分急迫。招商人员通过对项目进行研判，发现企业所在行业非常符合园区产业发展要求，且企业核心技术在行业中处于领先地位。但由于企业整体投资额为 5000 万，落地后产值为 3000 万，与园区的入园门槛差距太大，无法在当地落户。

2.无法落户的项目类别

结合众多招商案例，总结无法落户的项目类别如下：

（1）产业类别：项目所属产业和园区的主导产业不匹配，会导致项目的落户概率较低。例如，化工类的项目必须入驻化工园，物流类项目需要有物流用地，商业地产类项目要考虑园区是否有此类型土地配套，如果没有，则项目也无法落户。

（2）环保问题：现在大多数园区在环保问题上卡得越来越紧。企业在生产过程中，如果经过工艺处理后，排放依然达不到园区的标准，或是超过了园区的总量控制，将无法落户在园区。

（3）投入产出：项目的投资强度或纳税规模达不到园区的入园门槛，园区无法提供土地，项目也将无法落户，除非将项目转移至厂房或其他载体。

（4）政策要求：当项目政策要求过高时，园区无法满足，或园区政策需求比较特殊，项目也无法落户。

由此可见，判断一个项目能否落户并不是由某一个因素决定的，而需要对多个因素进行综合分析，并围绕综合评价指标体系及园区实际需求进行全面评判。

3.项目匹配度等级分析

项目匹配度等级分为四类：一是高度契合，即项目与当地主导产业完全符合，投资纳税强度符合园区准入标准，技术水平先进且无环保问题；二是基本契合，即项目的投资纳税强度符合园区准入标准，技术水平先进且无环保问题；三是一般契合，即项目的投资纳税强度基本符合园区准入标准，且无环保问题；四是低度契合，即项目的投资纳税强度一般，存在环保问题。

第五章

招商实战之项目跟进

第五章 招商实战之项目跟进

项目挖掘和研判的最终目的是促成项目的落户，因此必然涉及项目跟进全流程的把控。本章将为招商人员明晰项目跟进全流程，解析项目跟进技巧，从而推动项目落地。

第一节 项目跟进全流程

（一）项目跟进全流程的意义

在项目跟进的过程中，招商人员往往会遇到如下难题：无法与企业取得联系、无法与企业建立信任、无法邀请企业考察、无法探知企业反馈等，导致企业信息不清楚、客户关系不密切、项目需求不明确、项目落地无把握，让招商人员倍感烦恼。此时，项目跟进全流程显得尤为关键。

1. 提供方向。项目跟进过程中，清晰了解每个关键环节是否完成目标，做到心中有数，为推进项目落户提供明确方向。

2. 提高效率。项目跟进过程中，如果招商人员无法探知下一步动作，就会浪费时间、降低效率。清晰的项目跟进全流程可助力招商人员把控招商工作的每一步，合理安排精力与时间，提高工作效率。

3. 发现问题。根据项目跟进全流程，招商人员能够精准发现项目推进问题，获取关键信号，及时调整推进策略，从而促进项目成功落户。

（二）项目跟进流程解析

图5-1 项目跟进全流程图

1.项目信息。项目信息包括报告、数据、计划、安排、技术文件、会议等与项目实施有联系的各种信息。对于招商人员来说，最初获取的项目信息停留于表面且良莠不齐。在此阶段，招商人员的工作重点是对项目信息进行核实，排除中介、竞争对手和虚假项目，并抽丝剥茧将其转变为可推进的有效项目信息。

2.沟通核实。获取到有效项目信息后，招商人员需要进行初步接洽，以便进一步核实项目真伪。一是信息检索：可使用"天眼查""企查查""百度"等工商数据系统和搜索引擎，对项目信息进行搜索并核实。二是资料初筛：招商人员需要引导企业提供更完整、精准的投资计划和需求，并根据其政策诉求、载体需求等，判断项目后期推进的可行性。

3.资料发送。在此阶段，招商人员需要了解企业的落户意向，根据企业需求发送园区相关资料供企业参考。例如园区的推介资料、园区规划图、产业分布图、地块图等。政策导向型企业还比较关注优惠政策，例如装修补贴、土地款返还、税收奖励等。

4. 邀约拜访。通过发送资料，招商人员可以与企业进一步沟通，获取项目计划书。例如在持续对接过程中提取企业选址需求，整理形成项目评审简报，作为园区项目评估的依据。如果企业有意向合作且符合园区要求，招商人员应邀请企业到园区考察，或是跟随园区领导到企业进行实地拜访。双方进行深入的沟通和了解，进一步强化企业对园区的印象和好感度。

5. 确定意向。在洽谈过程中，企业会更明确地反馈其投资计划，园区应当进行相关测算。根据企业目前及未来几年的经营状况进行评估，确定是否开展下一步的对接工作。例如，招商人员初步判定双方诉求可以协商且处于能够达成的范围内，则将其判定为可推进的项目。反之，如果此阶段发现双方的匹配度非常低，例如企业的诉求过高、载体资源无法承接等，后续推进艰难，那么此项目可暂缓对接或推荐给其他园区。

6. 资源匹配。在匹配资源阶段，招商人员要关注企业的具体需求，以企业需要土地资源为例，每个园区都会有不同的准入门槛，例如产值、投资强度、亩均税收等。如果企业提出的要求，园区不能完全满足，招商人员就需要提出相应的修改建议并引导企业转变思路。

7. 互访考察。资源匹配后，双方需要进行深度的互访考察以推动项目尽快落地。通常情况下，园区会先到企业考察，获取企业的生产环境、用工情况、自动化程度、产品附加值等一系列信息。然后，企业会到园区考察，了解当地的环境、人才质量、薪资水平等相关信息。在此过程中，企业会比较关注制约其发展的关键要素，例如依赖便利交通的企业要去实际感受当地的交通状况等。

8. 决策会面。互访考察过程中，如果双方都比较满意，或是政策需求均处于可沟通状态，会需要一段时间确定协议中的细节。等到协议基本确定，就到了决策层见面的环节。双方决策层碰面后，针对重点内容进行深入沟通。最终，双方根据谈判结果签订投资协议。

9.投资落户及企业服务。项目落户的过程中会涉及企业服务的相关工作，例如工商注册、银行开户、购买载体等。

第二节　项目跟进技巧

结合项目落户全流程，在项目跟进的不同节点，常用的跟进技巧如下：

图 5-2　项目跟进技巧图

（一）信息收集

1.信息的分类。招商人员可根据不同的维度对信息进行分类。首先，按照内容划分，可将信息分为企业信息和企业人员信息。企业信息包括注册地、注册资本、股东构成等，以及经营范围、具体面积、是否有连锁工厂等；而企业人员信息则是后期对招商人员促成项目有直接影响的人员的相关信息。其次，按照信息层次划分，招商人员可将其分为基础信息和深度信息。基础信息主要包括企业名称、关联公司、生产所在地、企业规模、占地面积、环保安全等；而深度信息则是企业的市场布局、上下游企业、产业链、发展潜力、科技含量、研发团队、人员构成、整体行业排名、选址区域等。

2.企业信息及其判断维度。招商人员需要对收集到的企业信息进行判断，可分为以下四个维度：

（1）政策可行性。政策的可行性即当地能否给予企业相应的优惠政策，从而进行产业承接。政策问题中，环保问题是比较突出的一个方面。如果企业环保不符合要求，任何园区都会面临较大的压力。

案例：被生态环境部叫停的行业龙头

某次项目洽谈中，某建材行业龙头有意落户某经开区，当时已匹配好相应园区和厂房，但在签约落户前一天被生态环境部叫停。原因是粉尘污染严重，不符合环保标准。于是，园区在综合考虑下放弃了该项目。

（2）市场可行性。指企业对后期市场的预期，也就是他的上下游配套能否被满足。例如，原料供应能否到位，区域投资能力能否良好支撑企业发展等。

案例：产业集聚契合企业发展

长三角某城市引进了一家医疗器械的龙头企业。这家企业已深耕行业多年，发展至今已经手握60余项国家专利，其产品深受市场欢迎，出口50多个国家和地区。当地围绕此企业展开以商招商，对接诸多医疗器械类项目，接连促成优质项目落户经开区，加速了当地医药健康产业聚集效应。这源于企业看重当地产业与自身契合度较高，且产业链上下游配套完备，能在当地有更加广阔的发展空间，对企业未来发展有强大支撑力。

（3）技术可行性。指企业的研发团队是否强大，科技含量是否达标，以及是否具备发展潜力以促进企业可持续发展等。

（4）经济可行性。指项目落户的一些硬性指标，如投资强度、税收、亩均税收、生产总值等。

政策可行性	市场可行性	技术可行性	经济可行性
·政策准入 ·国家政策导向 ·国家及地方政策支持 ·地方资源禀赋分析	·项目市场空间调研 ·拟建项目产品市场预测 ·拟建项目市场定位 ·拟建项目产品市场竞争评估	·项目产品及工艺技术方案 ·项目选址、项目环境保护方案 ·项目产品、土建及设备标准 ·项目组织运营管理 ·项目实施进度	·项目投资估算 ·项目财务分析 ·项目国民经济评价 ·项目不确定性分析 ·项目风险分析 ·项目综合评价

图 5-3 企业信息判断维度图

3. 人员信息。招商人员需要了解企业选址一般由哪些人员负责，需要对此类人员信息进行整合。

（1）企业人员组织架构。在项目对接初期，招商人员接触到的企业部门比较广泛，如市场部、工程部、生产部等。随着后期项目的不断推进，接触到的企业人员等级逐步上升。只有对每个层级的信息都有一定的了解，招商人员才能在后期的项目对接中游刃有余。

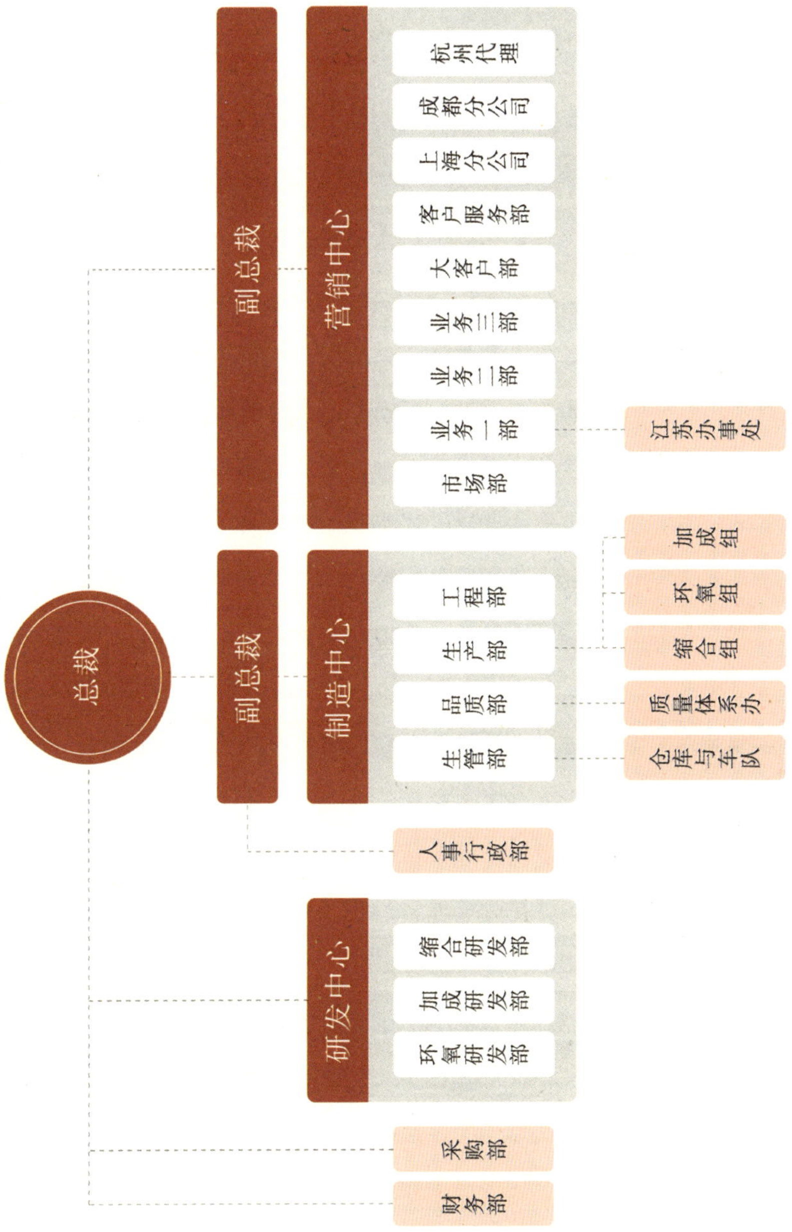

图 5-4　某企业组织架构图

（2）角色定位。项目对接过程中，招商人员会对企业人员进行定位，包括以下三个方面：一是客户职能，厘清在组织架构中该人员身处哪个部门，负责哪项业务，方便后期判断其投资关注点；二是客户级别，主要包括执行层、管理层和决策层，方便后期判断其话语权；三是人员定位，可以了解哪些是使用人、哪些是受益人，由此判定对方的真实需求。

案例：某整车项目人员需求分析

某整车项目需要土地 5000 亩，总投资 200 亿元，一期全部建设完毕，主要分为 7 项建设（如整车、零部件、电池材料、配套供应商等），可解决当地就业 1.8 万人。在考察过程中，由于考察人员的职能不同、级别不同、定位不同，其关注点与需求也不同。例如，首次考察时，企业考察团配备了人力资源经理，其重点关注当地人才水平、当地对人力资源补贴相关政策等；第二次考察时，企业考察团配备了规划建设部经理，其重点关注园区土地指标、供地时间、园区配套、沿海地形地貌、运输距离、现有航线等；第三次考察时，企业考察团配备了财务部经理，其重点关注税收留成、企业税收奖励等。由于招商人员提前了解了考察团人员情况，做好了充足准备，在对接过程中精准满足对方需求，赢得了考察团的高度认可。

通过以上案例，我们发现选址人员的角色定位不同，其选址关注点也不尽相同。因此，招商人员在对接项目过程中，只有精准把控选址人员的目的与需求，才能赢得对方的认可与信赖。

（3）整理汇总。在对客户信息进行收集之后，招商人员要对这些信息进行整理汇总。第一是基础信息汇总，主要包括人员姓名、职务、年龄、爱好、家庭情况、休闲方式等。通过这些基础信息，可选择与客户较匹配的招商人员进行对接，便于在沟通中拉近距离。第二是人物性格汇总，招商人员可对人物性格进行细分，如进取型、分析型、表现型和亲切型，针对不同性格采用不同的沟通方式，快速与对方达成一致。最后根据获取的信息，对人员进行综合评判，如下图所示：

表 5-1　选址人员综合评判要素图

开始标志	获得项目信息
结束标志	发现明显合作的意向
步骤	逐步发展和培养内线
	事先全面、完整地收集项目资料
	将选址相关的人员挑出来，根据级别、职能进行组织结构分析
	通过五个标准检验客户，判断是否存在明确、近在眼前和有价值的机会
客户现状	企业名称、业务、规模
	目前经营状况：产值、投资、占地、纳税、市场等
组织结构	选址相关部门名称和人员组成
	部门之间的汇报和配合
	各个部门在选址中的作用

（二）建立信任

在实际招商过程中，招商人员常常反馈与企业无法建立信任关系，难以了解企业真正的考量。那么，招商人员应如何与企业建立彼此信任的关系呢？

1.建立信任的四个维度。我们把建立信任分为四个象限，分别是合作伙伴、朋友、局外人和持续稳定的关系，如下图所示。第三象限，招商人员与客户在工作和生活上均无接触，客户大多来自网络，此阶段，招商人员应试图与对方建立联系；第二象限，主要表现为与对方建立良好的工作关系，如融洽的电话访问、实地拜访等；第一象限，招商人员要与客户发展工作之外的联系，如以运动为契机，促进双方关系；第四象限，招商人员与客户相处要交心，只有这样才能真正与对方建立起信任形成朋友关系。

图 5-5　建立信任象限图

案例：建立信任

　　某外资企业到某开发区已落户的企业进行私下考察，恰巧该企业负责人外出，于是三位客商准备下楼离开。在等电梯时，恰好遇见开发区的招商人员。招商人员通过三人的对话及对环境的熟知程度，初步判断三人是第一次到开发区。于是，主动向三人了解情况，用英语详细介绍了开发区的环境。通过沟通，双方约定两周后到园区进行考察，进一步推进合作事宜。但考察当天正逢大雨，客商被淋透全身。于是，招商人员冒雨到商场为客商买了衣服，此举让客商备受感动。3个月后，该企业在开发区投资4500万美元，设立了生产基地。招商人员也成为该企业董事长信任的好朋友。

　　由此可见，招商人员的热情和专业服务可以带给企业很大的惊喜和收获。如果招商人员能在关键时刻给予企业帮助和支持，招商人员就有可能得到企业的信任，从而更好地推进后续对接。

2.建立信任的四个阶段。建立信任可以分为认识或取得好感、产生互动、建立私交或获得支持、形成同盟四个阶段。

图 5-6　建立信任阶段图

（1）认识或取得好感。与企业建立关系的第一个阶段，标志是企业能记住招商人员的名字。一般第一次沟通都是电话沟通，注意初次沟通要专业、亲和、热情。在适当时机添加对方微信，及时发展友谊，建立强关系。

（2）产生互动。进入到关系发展的第二阶段，标志是沟通结束后企业愿意主动与招商人员交流，表达对此次沟通的看法。通常可以将企业邀请到园区或者去企业拜访，例如举行交流座谈会、聚餐、共同参与某项体育运动，利用不同场景与企业沟通会获得更有价值的信息。

（3）建立私交或获得支持。第三阶段达成的标志是企业愿意主动推进后续合作。政企之间的合作大多不是一帆风顺的，但如果企业愿意在碰到困难时，积极提出解决问题的思路与方法，则表示企业对后续合作的期望值较高。

案例：用坚持赢得客商的支持

在津洽会期间，招商人员于签到处偶遇某高端装备制造企业人员，通过工商系统查询，锁定其中一人为企业总经理 × 总。招商人员通过对企业所属产业、生产流程及其上下游等方面进行分析，发现企业与园区匹配度较高，于是便创造机会将园区情况向 × 总做了介绍。由于园区未在企业选址范围内，× 总明确拒绝了招商人员，双方加了微信便草草结束了谈话。为了增进与 × 总的关系，招商人员每周通过微信发送新资料或发起新话题与 × 总保持联系，即便一直被拒绝，但招商人员依然定期维系着关系。直到 10 个月后，× 总联系到招商人员，表明企业对当地有投资意向，计划拿地 200 亩，希望一周后考察地块。招商人员为苦心经营的客户关系终于开花结果而欣喜若狂。企业多次考察及对接，最终落户该园区。合作后，招商人员通过企业内部人员得知，在股东大会上，正是由于 × 总的力荐，才有了后来考察的安排。

（4）形成同盟。具体标志有以下四种：一是穿针引线，在对接前期对方比较乐于帮招商人员引荐领导；二是成为向导，对方向招商人员提供决策层的情报；三是出谋划策，对方站在我方角度出谋划策以推进合作，比如帮助招商人员分析企业所对接园区的优劣势，便于招商方优化政策等；四是坚定支持，在决策时对方站出来表示支持，股东的支持很有可能成为后期决策层做决定的重大依据。

（三）挖掘需求

在招商工作中，企业的"需求"是一个老生常谈的话题。那么，什么是需求？如何挖掘核心需求？

1.需求的定义。需求指为了达到目标而针对问题和阻碍寻找解决方案，包含产品和服务以及对产品和服务具体要求的总和。即使一款产品再高端或平价，如果不是客户所需要的东西，就没有任何意义。因此，招商人员可回想在之前的招商活动中，是否经常向企业方推介我方园区"政策非常好""土地非常多""环境非常优"等，而没有深度思考我们推介的这些信息到底是不是企业所需要的。

2.挖掘需求。沿着对方的需求，招商人员有两种应对方式，一是满足需求，二是挖掘需求。在企业方明确告知其需求时，招商人员应当创造条件满足其需求；而在对方需求没有明确的情况下，招商人员应努力去挖掘需求，再把针对性的资料呈现给对方。

案例：深挖需求，招商抢跑

某地招商人员得知某制造企业的选址后，立即积极联系企业进行沟通。初次对接时，招商人员发现三个问题：第一，企业的资质背景很好，属于细分领域龙头企业，在国内外都有较高的知名度，是一个非常值得引进的项目；第二，老板比较含蓄，不善言辞，所以介绍企业的现状与发展前景时效果欠佳，容易被一些地方忽视；第三，企业对选址投资的流程和所需资源比较陌生，缺乏必要的认知。针对以上问题，招商人员开始深入对接，主动协助企业梳理完成项目介绍材料，并深度挖掘企业真实需求，针对性推介当地园区，包括准入要求、产业配套、可利用地块情况以及投资落户的工商审批流程等各个环节，推动双方合作。随着双方对接的有效推进，企业的投资思路越来越清晰，大大增强了企业在当地投资的意向和信心。

3.挖掘需求需要具备的能力。在挖掘需求方面，招商人员需要具备以下能力。

（1）沟通能力。双方建立良好的沟通关系，更多地了解企业情况，在项目达成上大有裨益。

（2）分析判断能力。在沟通中，企业提供了大量信息，招商人员需要有较强的分析判断能力，通过对信息的整合，了解企业的真实需求。

（3）引导能力。提取出需求后，招商人员还需要引导企业需求与园区优势相结合，达到双方利益的最大化。

（4）提问能力。除了正常的沟通交流外，招商人员还需有一定的提问能力，以便快速获悉企业需求。在挖掘企业需求时，往往由四种类型的提问构成，每种提问都有不同的目的：一是现状提问，了解有关客户组织和现状的背景信息；二是痛点提问，发现客户的问题、困难和不满；三是影响提问，发现问题将给客户带来的不利后果；四是效益提问，了解客户对问题解决后的回报和效益的看法，将讨论推进到行动和承诺阶段。招商人员可以通过以下几个方面挖掘企业需求。

①本地依托：企业关注当地是否有成熟工人、上下游企业、原料等。

②政策服务稳定：企业关注的不单单是现阶段的地价优惠或税收减免，还有未来政策的持续性，比如领导换届后优惠是否能继续兑现等。

③场地搬迁、产能扩大：例如，河北现阶段产能无法满足企业需求，企业需要到天津依托人才提升产能，就会出现产能扩大的现象。

④市场需求、资金需求：以装配式建筑企业为例，一般会选择在天津以及雄安新区附近选址，借助这些地区的优惠政策与资金支持。

⑤技术升级：主要针对一些研发技术水平较高的企业，随着其研发团队的不断扩张，企业希望将自身的研发能力提高一个台阶，这时就比较倾向于新地区的人才储备。

⑥战略布局：大型企业会选择全国甚至全球进行选址布局，例如目前在南方选址的大型企业，未来很可能会有北方选址的意向，可以作为招商人员潜在的客户进行备案。

⑦配套依托（产业、政策等）：初创企业需要当地政策、资金等的支持。

图 5-7　企业需求图

（四）竞争策略

　　了解企业真实需求后，招商人员需要立足需求分析自身的优劣势，参与园区间的竞争。再次借助"波特钻石模型"进行详细分析。

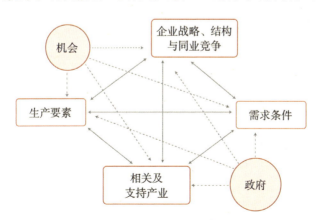

图 5-8　波特钻石模型图

1.内部因素。一是生产要素，一般分为天然资源、基础配套、人力资源、资本资源、知识资源和土地供应六种。招商人员在接触项目时，企业会重点关注基础配套（例如当地是否有同类型的产业、发展情况及销售方向等）、人力资源（特别是外迁项目越来越注重研发能力，因此对当地的人力资源尤为看重，尤其是高等院校、高级研究院所等）、土地供应（特别是供应能力和供应周期）。二是需求条件，分为基本政策需求（例如地价、税收优惠等）和预期性市场需求（例如当地市场产能消化量、市场体量等），是与其他园区竞争的重要因素。三是相关及支持产业，在招商工作中企业之所以关注当地的产业集群（一般关注现在及未来五年的产业发展），是因为它们会为其提供最直接的配套设施。当地的产业集群如果与企业的产业需求相吻合，也会成为吸引项目落户的重要因素。四是企业战略，企业根据环境变化，依据自身资源和实力选择适合的经营领域和产品，形成自己的核心竞争力，并通过差异化在竞争中取胜。

2.外部因素。一是机会。机会是可遇而不可求的，其可能影响许多要素发生变化，一般机会分为以下几点：政府重大决策（例如环保问题会影响企业选址）、传统技术出现断层、市场需求剧增（例如没有达到环保要求的企业需要购进环保设备，导致环保设备需求剧增等）和金融市场或汇率的变化。二是政府。作为优惠政策的提出者和发布者，政府在招商过程中起着不容小觑的作用。

在竞争策略的环节，园区最终需要呈现如下内容：

①园区基础信息：企业关注信息的汇总，包括园区信息、级别、土地价格、当地产业情况及配套情况等。

②项目方案：针对其他可选载体进行 SWOT 分析，以突显自身园区的优势。

③优惠政策：针对周边园区进行调研，包括厂房价格、土地租金、类

似项目的补贴政策、人才储备等。

招商人员要通过以上内容牢牢地"拴住"项目，以增强对方的合作意向。

案例：锁定关键赢得企业落户

某知名直播平台欲在某区寻找 6000 平方米的写字楼，成立近 500 人的视频审核团队。2017 年 12 月，该区招商小组初次到企业拜访，企业各部门 12 名负责人接二连三"发招"，略显"无礼"的接待让招商小组倍感无奈。返程后，招商小组迅速召开项目分析会，针对企业提出的各种刁钻问题进行梳理、分析、解决，并以邮件形式当天就向企业进行了反馈，高效的反馈速度加强了企业对当地考察的信心。第二次见面，招商小组就企业尤为关注的空调及机房问题安排了已入驻企业的走访，同时针对企业关注的招聘、相关资质申请、免租期、人才落户等问题进行了解答与让步，赢得了企业的初步好感。第三次见面，招商小组就企业关注的宿舍、税收、招聘、工程物业、合同等相关细节进行再次协商。相比于竞争对手的相关政策，该区提出了企业 24 小时用电收取成本价的优惠政策，加之企业选址较为急迫，该区先为企业提供免费临时办公场地进行团队组建。一系列政策强化了企业落户的决心。最终，经过双方深度交流，达成合作。

（五）促成意向

当企业表现出合作意向后，招商人员要趁热打铁，尽快促成项目落地。此阶段招商人员要重点关注项目的决策者。因为企业高层往往已经对多家园区进行了调研，对各园区的优惠政策也了如指掌。招商人员要关注决策层的考虑维度，如利润、战略、客户、流程、员工发展和市场竞争等，进一步挖掘决策者是否选择、何时选择以及花费多少等相关信息，以尽快确定最终合作意向。

为了便于招商人员进行项目复盘及制定项目促成策略，我们罗列以下项目意向促成工具作为参考，包括简述项目现状、导致项目挑战的内外变化、罗列痛点及影响，以及取得认可。

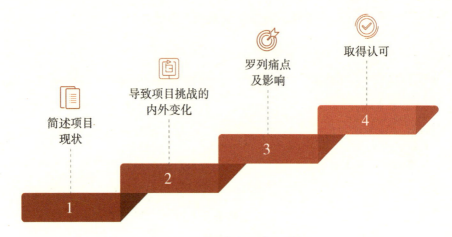

简述项目
现状

导致项目挑战的
内外变化

罗列痛点
及影响

取得认可

图 5-9　项目意向促成工具图

（六）赢取承诺

1. 赢取承诺的步骤。招商人员可以把赢取承诺分为三步，即意识风险、缓解顾虑和采取对策。首先，企业对当地认可后，将进入最终决策的"拍板"阶段。在此阶段，企业往往会意识到风险，例如政策优惠能否长期延续、土地能否及时供给等。招商人员要及时识别企业意识风险，通过"稍微等等""再看看""还在研究""最近比较忙"等相关反馈，挖掘企业疑虑点并及时引导与解决。其次，如企业没有明确"拍板"，也没有明确"拒绝"，招商人员一方面要深入了解企业的后续安排，另一方面要向企业询问需要我方提供的相关帮助。此过程需要招商人员具备极强的耐心，通过专业度来加深对方的信任。最后，招商人员要找准时机主动出击，为企业提供更为详细的资料以及解决问题的方案，通过多次互访持续引导企业，让对方感受到我方的重视程度，最终促成企业达成承诺。

2. 高层会谈注意事项。细节决定成败，高层会谈的每个细节都需要重点关注。例如资料准备、级别对应、接待规格、接待人员（生态环境局、财政局、安监局等相关部门齐聚，以表对企业的重视）以及解决问题速度，都是高层会谈成功的关键。

（七）推进实施

企业签订投资协议并不代表项目的实际落地，此时招商人员需要对企业进行"期望管理"：

1. "蜜月期"。在确定投资意向后，双方都处于热情高涨阶段，招商人员需要适当降低企业的期望值，以提升项目落地后政策推进的可实施性，也为自己留下余量。例如，某园区承诺项目落地后 6 个月为其提供土地证，但因为某些变动使时间推后了一个月，造成双方关系紧张的局面。因此，在实施前招商人员就要对一些时间节点进行必要说明。

2. 磨合期。在项目推进的过程中，双方难免会出现一些政策对接上的问题，也就是所谓的磨合期。在此阶段，招商人员要及时与企业进行沟通，帮助企业处理项目落地中遇到的问题，避免因企业满意度降低而对后续工作产生不利影响。

3. 成功期。项目实施进行到一定阶段，双方将进入成功期。由于长期的默契合作，双方的满意度会稳步提升，实现真正意义上的投产落户。

案例：打好招商持久战

2018 年，某园区得知某国内新材料龙头企业想在长三角区域布局一个新的生产线。为了抢占先机，招商人员仅用 3 天时间就给企业提供了当地产业发展环境分析报告，内容涵盖适合企业发展的厂房信息、产业发展政策和该企业落户后可合作的上下游企业等。介绍详尽并且针对该企业需求展开深度分析，初期便赢得了企业的信任与好感。但当时企业投产需求处于刚刚开始考察的阶段，为此招商人员也放缓了对接的脚步。在接下来的两年里，虽然减少了沟通的次数，但会通过多种渠道保持与企业的联系。面对企业的需求，招商人员会积极回应，也会利用当地的资源渠道为该企业提供帮助。2020年，该企业真正启动生产基地投资选址时，第一时间与该园区取得联系，最终仅用半年时间就完成了合作落户。

（八）跟进服务

1.落地服务

在企业投产落户后，招商工作并未完全结束，因为企业还会遇到其他需要解决的问题，例如厂房建好后达不到生态环境、安监等部门验收标准等。因此，招商人员需要对企业进行持续的关注，针对企业提出的问题，及时、高效地解决。

案例：积极推进，信守承诺

某西班牙外资项目落地增城经济技术开发区，投资4600万美元。在推进的过程中遇到对企业来说比较大的问题导致投资协议迟迟未签。由于园区承诺地块为方正的25亩地，其中20.73亩为熟地，但4.27亩还在收储中，这对于外资企业是一个风险。政府随即与企业外资总部召开会议，承诺在3个月内完成收储工作，可以进行土地招拍挂，并将此条例写进投资计划书，且与当地居民签订好合同，让停滞了一段时间的投资协议快速签订。

2.巩固满意度

在此阶段，招商人员要继续加强与企业的沟通，不断了解企业需求的变化，通过及时、优质的服务巩固企业对园区的满意度。

3. 以商招商

企业落户后，最理想的效果是实现以商招商。以商招商不仅能为园区带来持续的利润，更是检验园区服务质量、专业度的风向标。通过以商招商，园区能迅速实现产业链的配套，同时，也为园区挖掘优质项目提供渠道。

第六章
招商实战之项目引进技巧

第一节

招商项目接待技巧

第二节

招商引资的谈判技巧

第三节

招商活动组织技巧

第六章 招商实战之项目引进技巧

在招商过程中，项目引进技巧对于招商人员来说至关重要。本章将为招商人员重点剖析项目接待技巧、谈判技巧及招商活动组织技巧。

第一节 招商项目接待技巧

企业到园区考察是企业筛选投资地的关键环节。在此过程中，园区往往因接待的细节问题，被企业拒之门外。以下将重点剖析接待项目考察的商务礼仪，助力招商人员赢得企业认可。

（一）商务礼仪的重要性

1. 细节决定项目成败。企业每一次拜访园区都抱有明确的目的，对园区接待细节尤为关注。有时企业放弃到当地投资，问题就出在考察接待工作上。因此，招商人员要尤为重视考察接待的细节。

案例：错失的外资优质项目

某选址顾问为某外资企业提供选址服务，约定下午两点到某园区考察（企业方尚未表明身份）。由于企业方×总行程临时有变，上午十点半已到达园区附近，于是委派选址顾问询问园区能否上午见面，但园区对接人以领导要午休为借口直接拒绝了企业方要求。无奈，企业方只能就近安排中餐。下午，企业方为了表达诚意，一点半便到达园区，但直到两点半，园区领导才姗姗来迟。只见对方头发杂乱，衬衫满是褶子，打着哈欠进入会议室，往椅背一靠，"二郎腿"一翘，满脸倨傲。企业方×总就企业情况进行了介绍，并表明此次目的是考察地块。没想到园区领导听此直接表明无法看地块，需要园区内部过会后才可考察。整个对接过程中，园区领导态度十分敷衍，对企业的相关需求漠视不答，此次考察便草草结束。在返程途中，×总对园区的表现十分气愤且说道："这家园区也就这个水平了，还在洽谈就是这种态度，要是落在这肯定没有好果子吃！"直到企业落户到相邻园区，该园区领导这才后悔不已。

2. 礼仪是招商人员专业度的最佳体现。招商人员的形象代表了区域投资环境的形象。公务出访流程、项目考察流程、公务乘车礼仪、公务宴请礼仪、商务名片礼仪等各个方面，事无巨细，一言一行都代表着招商人员的形象与专业度。要知道，企业往往会通过招商人员的表现，评判当地政府的投资环境与政务水平。

3. 礼仪是搭建与维系关系的重要方式。礼仪不仅能加深企业方对我方的印象，也是与企业方搭建、维系关系的重要方式。

（二）商务往来目的

既然商务礼仪对于招商引资工作如此重要，那么招商人员与企业进行商务往来到底要明确哪些目的呢？究其根本要从企业选址的出发点进行分析。

1. 初次接洽，争取进入长名单。企业与招商方进行初次接洽，会向招商人员展示其投资意向，往往带有不同的投资需求，如拓展新市场、寻求新资源、提升企业效率、寻求好政策、降低企业成本、扩大企业产值规模、就近供货、稳定客户群体、形成竞争优势等方面。通过与招商方电话沟通、问卷调研等方式，与招商方建立联系，并了解招商方情况，最终列出意向投资地长名单，一般是 8～10 家。招商人员与企业进行商务往来的第一个目的就是与企业建立联系，并进入企业长名单中。

2. 初步考察，争取进入短名单。接下来企业会对长名单进行深入分析与对比，围绕市场、产业生态、项目成本、项目条件等，进行权重打分，最终根据权重评分结果，确定短名单 3 ~ 5 家。招商人员与企业进行商务往来的第二个目的就是要进入企业短名单。

3. 深入接洽，争取进入最终名单。招商人员进入企业短名单后，企业将会到招商方进行实地考察，企业通过与招商方进行项目需求及投资条件对接，并通过双方高层互动，最终确定最佳选择，还有 1 ~ 2 家备选地，形成最终名单。招商人员与企业进行商务往来的第三个目的就是要进入企业最终名单。

4. 双方谈判，争取项目落地。进入企业最终名单后，通过双方高层深入接洽与谈判，解决企业核心需求，确定我方政策条件，双方签订合作协议。招商人员与企业进行商务往来的第四个目的就是要赢得企业落户。

因此，招商人员每一次与企业进行商务往来，都要明确目的，切勿将考察接待形式化、面子化，而是要以解决企业实际需求为出发点，以赢得企业落户为最终目的。

（三）商务往来对招商人员的要求

1. 端正态度。在与企业进行商务往来过程中，招商人员需要端正自身态度。首先，态度要一致，不能出现对小项目歧视或对大项目姿态过低等情况；其次，标准要一致，不管企业方的人员年长还是年少，招商人员都要在考察接待安排方面全面、细致，不可厚此薄彼；最后，招商人员要积极高效，即使企业意向投资当地，也不可过于自信、放松警惕，而是要积极对接企业，配合企业或选址顾问进行案头研究及调研问卷等工作，面对企业需求要高效给予反馈，切不可拖延时间，错失良机。

2. 专业能力。招商引资工作对从业者的专业性要求非常高，尤其是在与企业对接过程中，如果招商人员对行业、产业不了解，很难与企业开展有效对话。判断一个人专业性是否合格，可以找相应行业的从业者进行沟通交流，能与对方有效交流 1 个小时以上，就说明合格了。除了对产业有深入的了解，招商人员还需要对国家战略方针有所涉猎，更要了解当前经济形势、企业管理、法律法规、规划建设等。因此，招商人员要始终把学习放在重要位置上。

3. 细致入微。招商人员细致入微是当地招商引资软实力的最佳体现。招商人员始终要本着为企业负责的出发点，想企业所想，急企业所急，对企业的问题耐心解答，对企业的需求全面了解，对企业的工作用心配合，禁止出现"一问三不知"等情况。

4. 把握主导。招商引资的实质是政企博弈过程，招商人员不能为了达成招商目标而过于放低姿态，满足企业各种无理要求，过度承诺、胡乱承诺不仅影响自身名誉，更会成为当地政务环境的污点。因此，招商人员要学会占据主导地位，从当地实际出发，结合企业实际需求，设计可行方案，引导企业达成一致。

5. 清晰判断。判断力是招商人员的关键素养，需要判断项目真假、项目质量、合作意向、对方谈判底线等，这些都是招商人员需要重点攻克的方向。只有保持清醒的头脑及精准的判断能力，才能赢得优质项目的落地。

6. 坚持不懈。坚持不懈是招商人员不可或缺的特质之一，在招商路途中没有一滴汗是白流的。有时候看似"山重水复疑无路"，但是顶住压力、不放弃也许会出现"柳暗花明又一村"的结果。

（四）企业到园区考察

1. 园区考察接待安排的重要性

招商人员经常会遇到这样的困境：他们精心安排了一场接待工作，在现场企业表现得特别满意，双方洽谈顺利，但考察结束后，企业迟迟不给予反馈，或者企业的意向度变弱，甚至出现对接不上的情况，让招商人员百思不得其解。殊不知问题就出现在接待上。

案例：企业对园区接待的真实反馈

某整车生产企业计划在长三角地区进行选址。该企业考察多家政府园区，并进行入围名单筛选。具体入围情况及反馈如下。

表 6-1　园区接待统计表

考察园区	考察结果	接待反馈
A 园区	未入围	1. 开发区副主任负责接待，接待级别不高 2. 整体接待表现不太积极
B 园区	未入围	1. 不知我方身份，未做提前调研 2. 态度比较倨傲，未入围
C 园区	未入围	1. 之前进行多次对接，区位符合我方需求 2. 领导无信心承接整车项目，未入围
D 园区	入围	1. 对方非常积极，全套领导班子接待 2. 制定了详细的接待方案 3. 所有园区中考察时间最长的，确定入围
E 园区	未入围	1. 作为某园区的衬托，接待工作敷衍 2. 考察时间仅 2 个小时，匆匆离去，不符合需求，未入围
F 园区	未入围	1. 对方领导出国，同等级别领导接待 2. 地块准备不足、政策不足 3. 接待工作做得不好，未入围
G 园区	入围	1. 非常重视接待，红地毯铺路 2. 承接方案非常详尽，洽谈非常愉快，确定入围
H 园区	未入围	1. 接待水平及细节做得很差 2. 洽谈内容不深入，简单介绍了园区并转了一圈，未入围

通过对以上案例的分析，招商人员不难发现，每一次接待都是促成合作的重要契机，同时也是政府形象的体现。因此，充分的筹备和规划是接待工作的重要前提。

2. 企业到园区考察的内容

招商人员需要掌握企业到园区考察的内容，以制定针对性的接待策略，从而为接待工作奠定坚实基础。一般而言，企业到园区主要考察以下内容：

（1）投资环境。许多招商人员对于投资环境的理解较为狭隘，片面地认为招商引资只是靠税收减免、廉价劳动力、丰富的土地资源等来吸引客商。还有人认为，在上述条件的基础上，加上城市基础设施建设，如"七通一平""九通一平"等即可构成投资环境的全部。事实上，一个区域投资环境的构成要素包括政治环境、经济环境、社会文化环境、法律环境、自然环境、物质技术环境六个方面。投资环境按照物质形态的不同，可分为硬环境和软环境。其中，尤其是软环境，对企业投资当地后未来的发展及壮大将起到重大影响。因此，招商人员需要充分把握本区域的投资环境，明确当地投资环境的优劣势，为企业考察做好充分的准备。

图 6-1　投资硬环境与软环境图

（2）载体情况。载体情况是企业考察园区的重要内容，招商人员必须对当地载体情况做好充分前期调研，精准掌握当地载体情况，以针对企业需求进行有效推介和洽谈。

①前期调研。前期调研分为载体调研和载体评估，具体如下：

载体调研。一是对载体周边交通条件进行调研，包括高速公路、主干道、高铁、机场等基础设施；二是对载体周边配套条件进行调研，包括商场、餐饮、宿舍、高端酒店宾馆、公共交通等，通常情况下，企业更关注基层员工的基本配套，然后是中高层的生活配套；三是对载体周边重点知名企业的分布进行了解；四是研读区域的政府规划，初步判断区域经济走势。

载体评估。招商人员需要对载体情况进行评估，包括载体的基础数据，如各项审批手续是否齐全、占地面积、建筑面积、待租/售面积、车间面积、办公面积、厂房结构、人力成本、水、电、气、暖、通信、网络等（部分可当面了解），以便做出基本判断，判断哪些企业适合入驻。

②载体考察。企业到园区考察载体时，招商人员要有目的、有步骤、有技巧地引导和介绍已熟知的载体，并对企业考察的情形进行分析，判断企业满意度及疑虑点，从而为实质性谈判做好准备。其中需要重点关注以下内容：第一，了解企业考察载体的目的，如了解工地实情、工程进度、预计发展、实物房型、面积结构、采光景观、实物样板、办公装潢、功能布置等。只有充分了解企业考察目的，才能针对性地解决企业疑虑。第二，在企业考察前，充分设计考察方案，如设定载体考察时间、考察路线、考察重点，使考察过程顺利、自然，以保证企业考察载体的满意度。在考察过程中，招商人员要遵循以下原则：避免考察载体中的不利因素，展示实地的有利面，不宜在现场停留时间过长，遵循"先中、再优、后差"的原则等。比如考察路线要走景观好、道路好的路线。企业考察团人数为三人

及以上时，至少要有两名招商人员陪同，并且要带考察团看意向载体（建议带看不超过两个地块，因为选择过多容易看花眼）。如企业要求考察两个地块，则要先带企业考察大面积的地块。第三，要引导企业思路，无论企业是考察样板间、工地现场还是原始地块，招商人员都不要让现场沉寂下来，应时刻让企业保持思考的状态，最简单的方法便是边走边说，让企业始终跟随招商人员的思路与步调。第四，要充分运用载体考察技巧，主要包含以下五点：应结合载体现状及周边特征，边走边介绍；组合户型图、规划图，让企业真实感觉所选载体；尽量引导企业，让企业被吸引，强化投资欲望；应对载体的格局、功能设置做详尽说明；应引导企业关注其没有留意到的优点或细节等。第五，考察后要尽量把企业拉回会议室做进一步洽谈，深入和针对性地沟通实质性的问题。有的企业考察完载体后会表明去其他园区再看看或者回去考虑考虑再给回复等，这时需要招商人员对企业的内心想法做出一定判断，判断是否是借口推辞，并且做好后期追踪与情报收集，为下一步做好充分准备。

（3）高层互动。高层互动不仅充分展示当地领导的诚意，也可以向企业表明当地对投资的重视程度，进而增强企业投资的信心。然而，很多政府园区由于无法及时满足企业高层互动的需求，错失了企业投资当地的最佳时机。例如，某知名装备制造企业有意向投资西南某区域，经过双方多次对接后，企业提出邀请双方高层领导会面的需求。然而招商人员一直反馈领导太忙，无法安排时间。企业询问多次无果后，对当地失去信心，转投其他竞争对手。这样的案例在招商引资行业中比比皆是。需要知道的是，企业不只有一家意向投资地。招商人员唯有高效反馈、积极解决企业需求，才能赢得先机。在企业考察园区的过程中，高层互动往往是企业落户的关键环节。双方领导具有一定的话语权及权威性，可以针对关键问题、政策条件等进行洽谈，从而高效推进对接流程，提高企业落户效率。

（4）会见合作伙伴。会见合作伙伴也是企业到园区考察的重要目的之一，其中包括项目其他的投资者、企业的供应商、企业的配套商等，甚至还会考察同行业的企业，目的是考察当地产业基础情况，同时也为了收集旁证，了解当地的政务环境及服务水平。因此，招商人员在企业考察时，对于会见合作伙伴也要做好充足的准备。例如，云南曲靖某园区在某知名建材涂料企业考察时，安排了配套企业的走访。企业本身对当地政务环境存疑，但通过与配套企业座谈，从企业角度了解当地的营商环境、供地情况、供地速度等信息，增加了企业落地的信心。这样的做法在项目落地过程中起到了关键性作用。

（5）项目洽谈。企业来访的核心便是与园区进行项目洽谈，包括企业需求对接、园区政策的了解等。招商人员要做好充足的筹备，为企业提供可行性建议，才能赢得企业认可。例如，某开发区对接某知名制造业项目，企业提出用地要求为上千亩。开发区并未明确向企业说明没有地，而是让企业提出详细的建设方案。方案提交后，开发区才发现该项目除了公司制造业企业外，某房地产建筑企业占大股，也就是除了制造业外，还有各类楼宇、酒店等。于是开发区建议该项目仅限于建设制造业总部、孵化、研发及生产基地，并且让企业先行规划，土地分步提供。经过协调，企业非常认可开发区的项目运作专业性。

3. 接待前的筹备

（1）接待方案设计

①接待方案应该精心设计，对接待流程、接待路线、接待人员、接待内容、接待亮点和接待目标等进行精心设计。尤其是接待亮点的设计十分重要，接待工作需要关注的重点是如何让企业不虚此行。

②人员分工应该有序明确，根据企业来访目的的不同，接待人员要做好明确分工。明确主要负责人及各个模块负责人，充分发挥人员的优势，

并做好协同配合，顺利推动整体接待流程。

③接待人员需要精通专业。

案例：接待前的准备

某园区与某知名生物医药企业前期已经深入洽谈，企业突然表示要到园区简单参观。如果招商人员没有做好充分准备，而企业却带着两位专业的法律顾问前来，专门针对合同核心条款进行洽谈，那么接待现场就会变得杂乱无章。为了避免这种情况，招商人员在接待前必须做好以下筹备工作：

根据企业来访目的，安排好专业人士参加。

如果企业来访目的是审核合同关键条款，不要每人打印一份，各自看手里的资料，这样无法集中每个人的注意力。应该将合同投放到大屏幕上，集中所有人的注意力。

园区招商人员应该充分熟悉合同关键性条款，并提前规划好反对的理由及相应解释。

④接待路线需要踩点。方案设计好后，最重要的是要踩点，充分验证行程安排的合理性。

（2）接待资料准备

①招商政策方面。需要包括土地价格、地价返还政策及形式、税收政策、返还比例、奖励年限、厂房租金、搬迁补贴、装修补贴、环评及安评手续、流程、消防验收周期等内容。

②生产要素方面。需要包括工业用地价格、电价、水价、用工成本、市场等信息。

③当地优势方面。需要包括区位优势、土地优势等信息。

④其他材料方面。需要包括园区介绍、地图、地块图、推荐方案等内容。

⑤注意事项方面。接待资料需要根据企业的需求有针对性地准备。接

待资料应该将企业的需求与园区的资源、条件进行充分分析与匹配，给企业留下深刻的印象。同时，园区资料需要定期更新，以保证接待资料的时效性和准确性。

（3）接待细节筹备

①来访人员方面。需要确认来访人数，以便安排我方接待人数。原则上，我方接待人数不得少于对方人数的三分之一。同时，需要确认对方最高领导职务，以便安排我方接待领导职级。还需要确认对方姓名，尤其是对名字进行核对，避免出现多音字或错别字，造成接待现场的尴尬。最后，需要确认对方到达时间，以便我方安排迎客时间、迎客地点等。

②会议室方面。需要提前布置好接待会议室，并根据人数安排好座位数量。还需要提前调试好投影等设备。

③座次安排方面。需要按照对方人员职级高低安排相应座次。会议座次遵循前高后低、中高侧低、左高右低等原则安排。具体的座次安排可以参考下图：

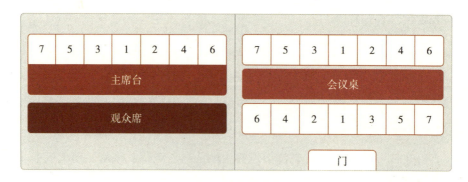

图6-2　座次安排图

④车辆安排方面。招商人员需要提前与企业沟通好乘坐的交通工具，并询问是否需要我方安排车辆接送。如果需要接送，应提前安排好车辆数量及乘车座次。具体的安排可以参考下图：

图 6-3　乘车座次图

⑤酒店及用餐安排方面。需要根据接待时间及对方行程提前做好安排。

⑥注意事项方面。首先需要注意酒店、乘车及就餐安排在整个接待工作中的重要性。许多园区由于未做到位而错失了项目。例如，某园区在接待某知名汽车零部件企业时，未提前安排车辆到机场迎接，对方自己打车到园区，对园区的印象非常不好；某园区在接待某上市公司时，为企业安排住宿不便，给企业的印象非常不好等。实际上，接待工作的关键在于每个动作都要考虑到企业的需求，让对方充分感受到园区的重视，感受到接待安排的全面及贴心。其次，在饮食安排上，需要充分考虑到客商的喜好。最后，为了表示对客商的重视，可安排媒体或工作人员全程拍照。

4. 接待中的安排

（1）指引礼仪方面。招商人员在迎接企业后，需要指引企业到园区参观或到园区的会议室洽谈。此时需要运用到楼道的指引礼仪及乘梯的指引礼仪。

①楼道指引礼仪：在指引客人走楼道时，招商人员应在客人左前方两到三步的位置进行指引，让客人走在道路内侧，并根据考察人数掌握步调节奏。例如，某园区在接待大型制造业企业时，对方来访人数近15人，

招商人员在指引时未把控好步调节奏，导致整个考察团队过于分散，双方领导已经在会议室入座，但其他人还远远落在后面，使企业人员非常不满。

②乘梯指引礼仪：在指引客人乘坐电梯时，遵循后上后下的原则，但如果来访人数较多，则需要遵循先上后下原则。招商人员需要先进入电梯内，一只手按住电梯开关按钮，另一只手挡住电梯门，等到来访人全部登梯后再关闭电梯门。

（2）介绍礼仪方面。介绍类型分为自我介绍、介绍他人和他人介绍。在进行介绍时，招商人员需要注意介绍的时机，不可先于领导进行自我介绍。如果涉及介绍双方，介绍顺序需遵循如下原则：

将年轻的先介绍给年长的

将同事先介绍给客人

将职位低的先介绍给职位高的

将男性先介绍给女性

将非官方人士先介绍给官方人士

图6-4　介绍双方顺序原则图

（3）握手礼仪方面需要遵循以下注意事项：

①伸出右手，手掌呈垂直状态，五指并拢，握手3秒左右；

②与多人握手时，需要遵循先尊后卑、先长后幼、先女后男的原则，但不可交叉握手；

③握手时需要注视对方，不要旁顾他人或其他物品；

④忌拉来、推去或上下左右抖动手；

⑤忌点头哈腰、过度客套；

⑥忌与异性握手时间过长、力道过重、过于热情。

（4）名片礼仪方面。名片是招商人员常用的交际工具，需要注意以下事项：

①递交顺序：如果知道来访人员的职位，按照由高到低的顺序递交名片；如果不知道来访人员的职位，则按照由近到远、从左到右或从右到左的顺序递交名片。

②递交动作：招商人员应该起立、上前，双手递交名片并进行自我介绍。

③递交标准：递交名片时，名片正面朝上，并且名字方向要对着客人。

④名片接收：接到名片后要看一下对方的名片再收起来，表示对对方的尊重。

⑤注意事项。

接到对方名片时，要注意以下事项：

不要无意识地玩弄对方的名片。例如，某园区领导在接待企业时，边听取企业介绍，边用手揉搓对方名片，给企业留下了非常不好的印象。

不要把名片放入裤兜，最好准备一个名片夹。如果没有名片夹，可以将对方名片先放在会议桌上，会议结束后及时收起。

不要在对方名片上做记录。例如，某园区领导在接待时未带笔记本，便拿起对方名片做了记录，给企业留下了非常不好的印象。

不要先于上司递交名片。

会议结束后，要将名片妥善收好。例如，某园区领导在接待时不小心将对方名片踩在地上，企业人员发现后将名片捡了起来重新递交给对方，现场非常尴尬。

（5）交谈礼仪方面。在会议中双方进行交谈时，需要关注以下几点。

①忌立马打断对方：如果对方表达没有重点或啰唆，我方可以礼貌地提醒："不好意思，×总，我打断下，为了便于我们更好地了解项目，您

在讲解的过程中，我们可能针对其中的某点进行提问，您边讲我们边沟通，您看可以吗？"对方一般不会拒绝。

②忌立马纠正对方：当发现对方对我方情况的描述与实际不符时，不宜立即纠正对方，可在我方发言时，纠正对方表达错误的地方。

③忌立马质疑对方：在沟通过程中，当发现对方表述有问题或者数据有误时，不要立即质疑对方，可在我方发言时，针对某一点进行结构化提问。

（6）倒水礼仪方面。在接待时倒水也十分重要，如出现尴尬场景或者僵持局面时，倒水可以适当缓和现场氛围，但是在双方针对关键性内容谈判时，此时反而不宜倒水，避免打断节奏。因此，倒水人员需要察言观色，实时把控会议室双方状态。关于倒水，有以下几点注意事项：

①倒水顺序先从最高职位领导开始，按照顺时针进行；

②倒水时壶嘴不要对着客人，应从客人右边倒；

③倒水时注意不要太满，以杯的七八分满为宜；

④端放茶杯动作不要过高，更不要从客人肩部和头上越过；

⑤续水一般在会议进行 15 ~ 20 分钟后进行；

⑥要随时观察会场用水情况，天热时就要随时续水；

⑦要关注会议的进度及沟通内容。

（7）会议礼仪方面。会议室是双方加深印象的重要场所，招商人员在现场的每个表现、动作，企业都十分关注。根据以往对企业的调研结果，招商人员在会议中需要注意如下几点。

①会中吸烟：许多企业反馈，他们对政府人员在会中吸烟的行为非常反感。"二手烟"对人体的危害极大，同时也是不尊重对方的表现。即使企业允许吸烟，但出于礼貌的考虑，也可以婉拒。

②电话不断：有些招商人员在接待企业时，电话不断，时常打断企业节奏。例如某园区在接待一家科技型企业时，在企业介绍投资项目详情时，

园区主要领导都在看手机，还时不时接听电话。企业负责人非常不悦，直接提出："各位领导先把手里的工作处理下吧，处理完我再接着讲。"接待结束后，企业再未与该园区对接过。

③事不关己：有些招商人员陪同领导接待，却一直在忙其他工作，时不时离开会议室，这会让企业感到不满。例如有企业曾经反馈，如果手头工作确实十分重要，那么就不应该参加接待活动，一旦决定参与，就应该全身心地投入其中。

④不予回应：有些园区在与企业沟通时，缺乏语言、眼神的互动，往往让企业感受不到对方的重视。

⑤虚与委蛇：大部分企业反映对园区的虚与委蛇行为感到不满，其中包括一些问题没有明确回复，或者在解决问题过程中表现出过度热情但实际上并未采取实际行动。

（8）宴请礼仪方面。宴请是加强双方联系、加深双方印象的重要环节，一般遵循如下流程。

①邀请：宴请对方一般安排在中餐或者晚餐，要向对方明确告知预约的场所及来客，避免出现尴尬的局面。

②座次安排：宴请座次安排一般遵循以中央为上、以右为上（与会议座次安排相反）、以远为上、以面门为上。如下图所示：

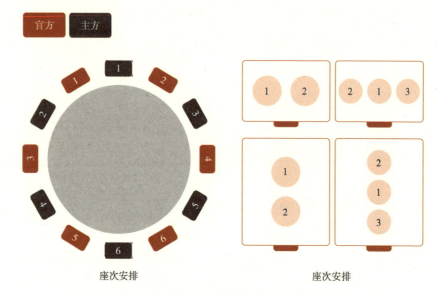

图 6-5　宴请座次图

③点菜方面：点菜是一门艺术，需要注意如下事项。

参考维度：可以参考健康、偏好、职业、地区、习惯、年龄、时节等维度点菜。

地点和时间：需要提前安排，地点距离考察地点不宜超过30分钟车程。最好选择相对安静的包厢，便于双方交流。时间上尽量避开就餐高峰期，避免等待上菜时间过长。

点菜数量：一般比就餐人数多2～4个菜，要根据地域菜量而定。

预算管理：预算要做到心中有数，不宜当面询问领导关于预算的意见。

菜品搭配：需注意口味搭配、冷热搭配、荤素搭配、颜色搭配、主菜搭配，一般凉菜占总量的三分之一左右。

上菜顺序：一般按照冷菜、热炒、主菜、点心和汤、甜点、果盘等顺序上菜。招商人员需要做到心里有数，在不同节点要知晓该催什么类型的菜品。

④就餐方面，就餐时需要注意如下事项：

一般由主人或长者主动安排众人入座；

主人举杯示意后开始就餐；

就餐过程中，主动与邻座交谈，如不相识可做自我介绍；

适量取菜，忌挑食；

就餐要细嚼慢咽，忌出声；

就餐时遵循顺时针转桌。

关于催菜，需要注意如下事项：

尽量不要当着客人的面反复催菜；

对服务员要礼貌有加，懂得尊重；

如遇特殊情况，可及时找大堂经理或店长处理。

用餐交流可围绕如下内容进行：

围绕饮食文化，所点菜品典故、特色进行交流；

围绕轻松话题展开，如个人喜好、体育赛事、风土人情、地域特色等；

宴请过程中不宜洽谈合作事宜，点到为止。

5.接待后反馈

接待结束后，要根据客户的需求快速给予反馈。最好在企业考察结束的第二天，整理出一份内容翔实、包含会谈纪要附件的邮件发送给企业。同时明确洽谈中未决事宜的完成时间及重要事项，并将企业来访的照片一起发送给企业。如果涉及项目承接方案的制作，建议园区在3个工作日内快速反馈给企业，方案的反馈速度和方案内容的针对性都是企业关注的核心点。

（五）园区到企业考察

1. 园区到企业考察的重要性

（1）真实感受企业对招商人员的反应，如表情、身体语言、行为动作等；

（2）快速、直接实现信息沟通及交流目的；

（3）置身企业工作环境中，更容易把控企业的需求状况、经济状况、决策状况、做事风格等。

2. 园区到企业考察的情况

（1）经过前期对接已经到了需要洽谈合作细节、确认合作方案制作阶段；

（2）与企业多次电话沟通，进度不明显时；

（3）时间紧迫，企业在决定最终名单的关键时期；

（4）需要到现场了解企业，确认某些信息；

（5）关系维护；

（6）合作过程中出现异常情况等。

3. 园区到企业考察的注意事项

（1）时间变更：一旦园区与企业约定好考察时间，尽量不要变动，否则很难再约。如果无法给企业具体时间，可以给考察时间段。

（2）资料提供：如需企业提供资料，园区要和企业提前沟通，避免现场给企业带来压力。

（3）避免为企业带来不便：园区到企业考察，应避免为企业带来不便。如某园区约定第二天上午到企业考察，前一晚到达企业所在城市后，在未与企业提前沟通的情况下，要求企业安排园区领导住宿、就餐等一系列活动，给企业增加了很大的负担。

（4）洞悉关键：园区到企业考察，要挖掘核心关注点，如企业选址的关键决策人、选址决策周期、现有竞争对手等。

（5）应急预案：要提前设想企业可能提到的反对意见，做好应对准备。

第二节　招商引资的谈判技巧

谈判是双方为了达成一致而相互磋商的行为，也是参与谈判的各方产生持久利益的过程。作为园区招商必不可少的流程之一，掌握一定的谈判技巧，熟练运用谈判策略，是一线招商人员必备的基本素质。只有在谈判前做好充分准备，谈判时紧紧围绕目标、运用适当的谈判方法，才能让谈判双方达到双赢的效果，最终赢得项目落户。

（一）谈判的流程

谈判导入　需求概述　要点明确　双方交锋　谈判让步　达成协议

图 6-6　谈判流程图

1.谈判导入阶段。此阶段的目的是拉近双方彼此距离，并对彼此有一定的认知与了解。谈判双方通过自我介绍、互相介绍，加深双方印象与熟悉度，便于接下来的谈判推进。如果是初次见面，双方需要"破冰"，可谈些当地风土人情等，但不宜时间过长。

2.需求概述阶段。此阶段的目的是双方表达自身的想法与目的，同时探寻对方意图。此阶段时间不宜太长，言多必失，仅需要恰当表达自己的目的与倾向，留有一定余地观察对方态度。

3.要点明确阶段。此阶段谈判双方需要明确表达自己的观点与意见。双方为了达成共识，既要坚持己方立场及既定目标，又要从全局出发，适当站在对方角度考虑问题。

4.双方交锋阶段。交锋阶段是在谈判过程中双方博弈的阶段,双方要通过充分的数据与事例进行博弈,在双方目标一致的前提下,坚持己方的目标与利益,最终探寻到双方可让步的空间。

5.谈判让步阶段。通过双方交锋博弈,接下来会出现僵持局面,为了打破僵局,总有其中一方让步或双方各自让步,进而双方达成一致。招商人员需要关注如何在谈判中占据主导地位、如何抢占先机、谁先让步、让步是否在可控范围内以及让步后是否得到相应的补偿等重点问题。

6.达成协议阶段。通过博弈与让步,双方就谈判目标达成一致。为了确保谈判结果,双方会签订合作协议或合同。由于协议或合同具有法律效力,因此在合同的文字及表达方面需要重点关注,避免出现争议与纠纷。

(二)谈判的准备

做好充分的谈判准备工作是谈判顺利、赢得项目的重要前提,而谈判前信息获取是谈判前筹备的首要任务。

案例:谈判前准备不足

某经济技术开发区招商团队前往外地进行招商,带去了一批对外招商项目,其中包括生产新型防火装饰材料的项目,开发区希望与外商共同创办该项目。中方主要提供该项目的生产技术、国内市场预测和将该项目的产品推向国际市场的可能性,同时,还为该项目提供所需的原材料来源、劳动力和土地等;外商需要提供的主要是该项目的投入资金以及开拓国际市场的能力。其中一个外商表示对该项目感兴趣,并安排于第二天详谈。开发区领导热情接待了该外商一行6人,双方初次洽谈正式开始。

谈判一开始，外商就提出了关于该种新型防火装饰材料的技术参数、工艺流程和技术设备的要求等问题。开发区的招商洽谈人员尴尬地回答负责该项目设计的工程技术人员没有来，有关的技术资料也没带来，只好下次再同有关工程技术人员洽谈有关方面的问题。紧接着，外商又提出了国内市场的问题，例如国内市场上需要该种新型防火装饰材料的单位，产品成本、预期的利润效益如何计算，国内是否存在同类型的产品，该产品的市场容量等。开发区招商洽谈人员只能对该种新型防火装饰材料的生产成本和一条生产线的年产量等问题给予确切的答复，其他问题则无法给予确切或满意的答复。随后，外商谈及具体的合作意向，开发区招商洽谈人员只表示希望该项目合资举办，中外方各占 50% 的股份。当外商进一步问及是否有具体的合作文件资料时，开发区招商洽谈人员则回答还没有。谈判就此结束，之后该外商再也没有问及该项目的有关事宜。

从招商洽谈的情况来看，此开发区在招商洽谈过程中存在以下几个问题：

第一，招商项目资料准备不充足。例如没有对国内市场进行充分的调查研究，没有对该新型技术产品进行技术上的调查，技术资料不足。

第二，招商洽谈班子搭配不合理。例如项目技术负责人没有参与招商洽谈环节。

第三，招商项目的法律文件准备不充足。在招商前，就应将中外双方讨论的法律文件合同草稿准备好。

第四，参加洽谈的人员在资料不足的情况下，也没有做好相关的心理准备。

整个招商洽谈缺乏策略，也没有了解外商的意图和目的。所以，此次招商洽谈必然失败。

在谈判前，招商人员应该做好以下准备工作。

1. 谈判前信息准备

在谈判正式开始前，招商人员需要了解和掌握谈判各方面的资料与信息。通过对资料、信息的充分研究，选定谈判目标，拟订谈判计划，规划谈判策略，做到知己知彼、百战不殆。获取信息的工具包括以下三个方面。

（1）工具一：扪心六问——出色准备问卷

在谈判前，招商人员需要预演谈判场景，并对要谈判的目标和问题进行思考和答案优化。主要围绕以下六个问题进行预演。

①具体的目标是什么？在与项目进行谈判之前，招商人员需要明确谈判的目标。例如，如果从企业的官网了解到其五年战略规划中明确了企业将通过并购、投资等方式，将固定资产在五年内扩张至三倍规模，那么招商人员就需要对企业的战略进行详细分析。本次洽谈的目标很明确，一是给企业留下好的印象，二是找到企业与当地的结合点，在企业进行投资时，发掘与当地产业结合的可能性。再例如，如果招商人员了解到某企业有投资计划，预计今年年底投产，那么在洽谈时就需要结合企业的投资项目详情、资源需求、政策需求等，设计一个相对成熟的方案，本次谈判的目标就是邀请企业到当地进行考察。因此，不同的项目处于不同的阶段，谈判的目标也是不同的。

②对企业有多了解？招商人员对企业的了解包括两个方面。首先是对企业负责人的了解，例如其老家、毕业院校、人脉关系、意向投资区域等；其次，是对企业本身的了解，例如企业目前所在地、投资项目详细情况、投资需求、当地投资可行性等。如果在洽谈前了解不充分，还需要在洽谈过程中重点挖掘，招商人员需要提前罗列重点挖掘问题。

③对话语权的分配情况如何？话语权的分配涉及人员的权威和项目的承接优势。人员权威主要体现在职级和专业上。例如，在与某德资汽车零

部件企业洽谈时，沈北新区的一位领导运用 15 年的汽车产业链招商从业经验，对汽车产业进行了十分透彻且专业的分析，吸引了企业的关注。此外，该领导对政策有较强的现场决策权，因此双方初次见面便敲定了合作协议。许多招商人员认为，现阶段区域产业竞争越来越激烈，同样的产业多个区域都在做，但又找不到自身区域的突出优势。如果一家企业意向 10 个区域进行选址，各个区域的情况基本相同，我们与企业进行谈判时，就没有什么话语权。但是如果我们当地有项目必需的矿产资源，储备量可支撑企业发展 20 ～ 30 年，而其他区域没有如此大的储备量，那么我们与企业谈判就有了相当大的话语权。因此，话语权是与本身的基础条件相关的，关键在于我们对项目的挖掘程度。

④要给对方提供怎样的信息？在与企业洽谈时，前 15 分钟非常重要。在这 15 分钟内，我们需要快速展示吸引企业目光的内容，留下好的印象。例如，长三角某开发区在与不同企业洽谈的前 15 分钟，呈现的内容也不同，根据企业不同的需求真正做到了针对性、精准性和专业性。

⑤在什么情况下应该做出让步？在谈判的一定阶段，双方必然会涉及让步。因此，我们需要提前梳理好何时做出让步、让步的底线在哪里等问题。首先，需要考虑让步的时机。让步不能太快，因为双方僵持得越久，越会珍惜获得的让步，也就会适可而止。因此，我们需要提前瞄准让步时机并探寻对方的底线。其次，需要明确让步的原则。我们不应该轻易让步，更不应该做出无谓的让步。每次让步都应该获得对方的同等让步，在不损害整体谈判目标的基础上，可以在一些细小问题上主动让步。最后，需要确定让步的底线。我们不需要做出同等级别的让步，应该先松后紧，不能先紧后松，否则会失去让步的机会。例如，如果对方让步 20%，我们可以让步 10%，但对方要求我们做出同等比例的让步，我们应该明确如果让步 20%，我们无法承担损失，以此来婉拒客户。

⑥应该就某一点进行谈判还是敲定一系列条约？招商谈判分为两种方式：语言谈判和产业谈判。无论采用哪种方式，我们需要明确本次谈判是就某一个点进行谈判，还是要敲定一系列的条约。例如前面提到的沈北新区领导，由于对汽车产业了解深入、专业性强，因此通过对产业的一个点进行分析就可以牢牢锁定企业目光。但大部分招商人员无法做到这一点，因此就需要增加洽谈的点。虽然每个点的洽谈不够深入，但由于面广，总有部分点与企业想法发生碰撞。因此，招商人员需要对谈判的内容进行充分准备，对关键点进行重点罗列和梳理，做到有备无患。

（2）工具二：四方突破——信息矩阵

通过调研问卷，我们收集了较为全面的信息，但是这些信息较为杂乱无章，需要对它们进行详细分析和分层，确定哪些信息具有价值，哪些是无效信息，哪些需要我们保留等，此时就需要运用到信息矩阵。具体而言，信息矩阵包括以下四个方面。

①已经打算公开的信息。主要目的是向企业展示如果到当地投资，我方可以给予企业哪些支持，以便扩大谈判的话语权或有助于达成共识。因此招商人员需要充分了解企业的亮点，同时也要充分展现我方的亮点。

②我们想获知的信息。虽然我们已经获取了很多信息，但这些信息不足以支撑我们去判断信息的真实性，也不足以支撑我们即将扮演的角色。因此，我们需要对企业进行深入询问，可以委派行业专家到现场挖掘，以了解企业的技术含量、企业在行业中的水平、项目整体的含金量、竞争对手等信息，以便我们制定谈判策略。

③我们会保留下来的信息。这些信息是需要我们进行隐藏的信息。例如，A政府具有丰富的土地资源2000亩，在每次与企业对接的过程中，招商人员总会提到自身最大的优势是土地资源十分丰富。在招商引资过程中土地资源确实是一大亮点，但是任何事情都有两面性。如果某个企业在选

址时同时与 A 和 B 两地政府对接，A 政府表明当地有丰富的土地资源 2000
亩，而 B 政府表明当地土地资源较为紧缺，仅有 200 亩。在很多信息不确
定的情况下，资源的稀缺性会让企业产生不同的心理反应。有可能认为 A
政府有如此多的土地资源可能是当地产业环境不成熟，或是当地经济发展
缓慢，企业会做出很多反面的预判。而 B 政府土地资源稀缺，可能是当地
经济发展较为迅速，产业环境较为成熟，因此企业会考虑快速采取行动，
否则 200 亩地都拿不到。因此，我们需要针对企业的需求心理将某些信息
保留，尤其是地方政府的招商压力更需要保留。企业非常聪明，在对接的
过程中总是试探性地探究当地的招商压力及任务完成情况。如果我们表明
招商压力比较大，企业会做出多方面的考虑，一方面是考虑当地经济发展
情况不是很好，另一方面也会借机争取更多的政策条件。而如果当地政府
表明今年的招商任务已经基本完成，企业可能会认为当地的产业环境及经
济环境发展都比较好，更加倾向于到当地投资。因此，我们刻意保留或释
放一些信息，在谈判过程中非常重要。

　　④使我们感到惊讶的信息。例如，某个企业由于某区域的营商环境较
差而受到影响，而我们当地最大的优势便是政务环境。在谈判的过程中，
我们可以向企业呈现当地为企业服务的典型案例，这样在谈判的过程中释
放的威力将会非常大。

我们想获知的信息（获知）

举例：企业实力/项目含金量完全竞争对手

使我们感到惊讶的信息（原营）

举例：目前企业所在地政务环境阻碍企业发展
企业方选址负责人老家所在地是我方区域

已经打算公开的信息（给予）

举例：当地可结合招商工作的推介

我们会保留下来的信息（保留）

举例：今年的招商任务压力

图 6-7　招商谈判信息矩阵图

（3）工具三：冰山模型——心理学核心关注点

冰山模型是经典的描述人与人之间关系的工具。在很多情况下，双方就某个问题进行交流时，会在沟通的内容中插入一些隐藏信息，此时招商人员需要格外注意。例如，某园区招商人员在与某企业负责人洽谈的过程中，由于前期对对方信息了解不够透彻，以为企业是一家创业型公司，因此在沟通过程中多次提到崇拜草根创业老板的魄力与敏锐性等。一开始企业的负责人还比较热情，但后来招商人员发现企业负责人的脸色越来越差，最终谈判不了了之。直到招商人员通过企业其他人员才了解到，该负责人是"富二代"，现在接替父亲的班。由于招商人员在洽谈过程中对于个人情感的表达让对方很不舒服，企业负责人表明日后不再与该政府对接。因此，招商人员在开展谈判前一定要把工作做足，要对对方进行充分了解。虽然不需要我们投其所好，但是要明白哪些问题比较危险，哪些问题应该避开，不要因为一句话得罪对方却不明真相。

2.谈判前角色准备

在招商谈判过程中，谈判团队角色的分配至关重要。谈判人员选择是否恰当直接关系到谈判的成功与否，因此每一位谈判人选都必须经过慎重考虑。在招商引资谈判过程中，谈判团队共分为四大角色，分别为协调人（主持人的角色）、主要发言人（谈判领导人的角色）、次要发言人（专家的角色）、观察者或记录者（观察员的角色）。不同角色肩负不同的任务，彼此独立却又相互补充，因此招商人员在谈判过程中要明确各自角色的职责与任务，其中重点需要关注主持人及观察员的角色。

（1）主持人的角色

①主持人的任务：介绍参与者（尽量是对双方都相对熟悉的人员）、简单介绍谈判内容、引导双方发言、引导会议议程。倘若谈判陷入僵局则需要开启一个新的话题，在中途进行有规律的引导，并在结尾进行总结等。

②主持人的禁忌：个人形象不佳影响政府形象、专业知识与技能储备不足、迅速进入实际性洽谈没有相应铺垫、开局陈述失当、其间不断插话或从不说话等。总之，主持人应具备话语精简、招招中的、直击要害的特质。

（2）观察员的角色

观察员的任务：协助谈判领导人，保持相同意见并补充缺少的内容；不要以谈判领导人的身份做出承诺；当对方提出要求时从专业角度提出异议，仔细聆听等。

（三）谈判的策略

1.谈判的心理

我们发现很多人研究谈判，最终都会研究谈判的心理。在谈判过程中，为什么经验丰富的招商人员很容易引导企业达成一致，其实质就是谈判心理的把控。谈判心理学有两个作用，一个是进攻作用，另一个是防御作用。研究好谈判心理对于招商人员来说，一方面可以有效控制谈判过程，令人信服进而实现谈判目标；另一方面可以避免自己受到对方操控。那么作为招商人员到底要掌握哪些影响谈判决策的心理呢？

（1）影响谈判决策的心理

①相关性做铺垫。相关性最主要体现在人情债方面。从谈判心理学来说，之前与对方有一定的人情债，往往会在谈判过程中让对方产生亏欠心理。在以往的招商经历中，有位外资企业高管让我们印象特别深刻。该企业是做建筑行业的，与多家企业都有着合作关系，因此手里投资企业信息非常多。他日常在人情往来方面主要有两大绝招：第一招是无论与政府领导还是一线招商人员交往时，都会透露给对方一些企业计划投资、选址的信息，始终让对方感觉亏欠着他；第二招便是无论与政府领导还是一线招

商人员相约见面，总会早到半小时，并且已经为约见人准备好咖啡等饮品。大家试想面对此场景我们会有怎样的感受，而这招往往在谈判过程中提前进行了心理铺垫。

②责任感与坚持。招商人员的日常如果用一个字形容便是"忙"，忙着挖项目、忙着跑项目、忙着谈项目，然而忙的背后更是责任感与坚持的体现。有位招商精英认为随着招商引资的压力逐渐增大，对于招商从业者的要求也越来越严格，招商人员要成为一个"懂政治、懂经济、懂产业、懂客商、懂管理"的复合型人才。因此，提升自身专业度始终是招商人员关注的重点。尤其是近年来对接的外资项目越来越多，在对接过程中对于行业的专业术语等沟通起来越发吃力，便意识到英语口语的提升十分重要。然而，日常繁忙的工作导致无法坚持学习，经常三天打鱼、两天晒网，为此很是苦恼。后来他便运用面子心理倒逼自己坚持，每天在朋友圈打卡。由于朋友圈都是政府领导及企业高管，为了面子也要坚持下去。连续坚持打卡三个月，养成了学习英语的好习惯，大大提升了自身英语口语水平。到现在面对任何外资项目，都可以与对方进行流利对接，用自身的专业性赢得了企业方的高度认可。

③放大社会效应。社会效应主要体现在参照与经验上。企业在选址时，会提前洞悉同行及行业龙头的投资区域，作为自己投资的参照。例如谷川联行日新增项目800余个，每天都有大量项目咨询，当询问企业为什么意向某区域时，企业往往回复当地有同行或龙头企业。这也是为什么有些企业明明很难招引，我们招商人员还是要花费大量时间、精力去招引。一旦企业过来，它所带动的产业效应、社会效应是巨大的。后续带动其他企业落户也是非常明显的。因此，招商引资也是当地政府出于战略性的考虑。

④前期营造好感。好感主要体现在外在魅力、相似度、赞美和积极性上，尤其相似度是招商人员需要关注的重点。相似度可以体现在老乡、校友、

语言等方面，会快速拉近与对方的关系，双方建立信任，对于谈判也会起到重要作用。因此，招商人员在与项目方对接的过程中，要尽可能地寻找相似度。例如，某园区一线招商人员在与项目方对接的过程中，对于相似度抓取的经验十分值得我们学习。他最大的优势便是会说很多地区的家乡话，运用家乡话拉近与项目方的关系，让选址负责人倍感亲切，大大加强了双方的信任与黏性。

⑤权威打造背书。行业的权威专家对于招商引资的作用是非常明显的。很多区域都在当地引进各大高校及研究院所，或者在当地建设高科技交流中心，专门研究产业发展相关事宜，这便是运用权威影响力的体现，全国顶尖行业专家、学术专家、研究专家集聚当地，对于企业的投资、选址也会起到较强的影响力。

⑥营造稀缺氛围。企业选址决策往往会受土地资源稀缺度、同行竞争紧迫度影响，因此招商人员可借此来加快企业决策的速度。

总之，影响谈判决策的心理是需要进行细腻揣摩的。企业会根据我们的表现对我们做出一些判断，同样我们也会通过企业的表现对企业做出一些判断。这也正验证了心理学的作用一方面是攻击，一方面是防御。当别人"攻击"我们时，我们防御得当；当我们"攻击"别人时，可让对方防不胜防。

（2）谈判心理学的运用

①压迫心理。面对谈判对手，可运用自身职级优势、专业优势、年龄优势给对方带来压迫感，导致对方紧张、思维混乱、被带节奏。

②急迫心理。面对谈判对手，可运用让步法、惊喜法，强化对方内心的喜悦感，使对方急于敲定谈判成果，从而出现细节纰漏。

③混乱心理。面对谈判对手，尤其是针对谈判关键环节时，采用打岔、顾左右而言他的方法，打乱对方谈判思路与节奏，导致对方出现谈判纰漏。

④放松心理。面对谈判对手，可采用诙谐、幽默的沟通方式，让对方放松警惕，在关键环节出其不意。

案例：保持好谈判节奏

某招商人员想要为当地引进某高端装备制造企业。当双方进入谈判阶段时，企业每每都会针对当地给出的每个条款、每个内容追根究底，哪怕招商人员已经提供了解答与可行性方案，企业还是会层层追问。后来，招商人员了解到该企业曾在和某政府合作时，当地政府失信于该企业，所以企业才会有强烈的防备心理。了解原委后，招商人员耐心详细地向企业逐一回复，并未被企业的步步紧逼带乱节奏，从而为后续的合作留出了余地。

2. 谈判语言工具

以下为招商人员提供谈判时运用的语言工具，要有目的性地运用提问技巧。

表6-2　谈判提问技巧

提问类型	目标	例子
开放性问题	获取信息 获取谈判对手有质量的信息和想法	投资是什么计划？产品是什么情况？目前考察到什么程度了？
选择性问题	询问可行性 让对方在两种或者多种可行性中做出选择	您看是这周还是下周，我们到企业拜访一下？
封闭性问题	促成决定 谈判对手只能用"是"或者"不是"来回答	下次是您企业的董事长过来考察吗？
诱导性问题	通过有技巧地询问给对方指出回答方 诱导性问题，试着有意地对其影响	我们听说贵公司也在和北方的一些政府/园区在洽谈，具体情况如何呢？
共鸣性问题	表示同理心	很多那边过来的企业都跟我们提到了这个问题，您那边也是吧？
鼓励性问题	赞美对方来维护双方的关系	企业是如何在这么短的时间内实现这么快的增速？

3. 谈判的技巧

（1）主导。主导的关键在于控制话题，但要注意松弛有度，如果过于逼近则效果会背道而驰。想要达到主导效果，就需要在谈判中设置"诱饵"，通过隐藏信息，引发对方好奇心，从而引导对方进入我们预设的话题。在后续的沟通过程中，可以以反问、追问、疑问等方式，将之前的信息呈现出来。

（2）沉默。在谈判过程中，一方对另一方提出的条件不满的情况时常出现，甚至会出现充满敌意的攻击。这时沉默成为一种恰当的沟通方式，一方可以保持一言不发、静观其变的稳定心态，但同时双方要保持眼神的交流，借助沉默重新掌握谈判主导地位，寻找合适的时机开始接下来的谈判。

（3）迎合。招商谈判的最终目标是尝试说服对方，迎合可以将对方观点进行合理解释，可以利用语意转化、重复的技巧，经常使用的话术是"您的意思是……"，对照对方的观点给出例子，帮助对方证明其观点是正确的，甚至升华高度，让对方感觉十分受用。通过优化对方语言或者圆滑回避锋芒，非常自然地顺延对方语意，同时将语意转向对自己有利的方向。

（4）回避。先认真倾听对方的讲话内容与观点，在其表达结束之后，我们立即将话题转移到其他内容上，从而主导接下来的谈判方向。当我们遇到对方使用回避技巧的时候，我们可以将话题转回来，并直接指出对方的回避，将之前想强调的信息重申。

4. 谈判的僵局

（1）谈判僵局类型

①情绪化僵局，往往是谈判中激烈气氛引发的情绪失控，从而双方产生冲突，导致谈判无法顺利进行。

②策略性僵局，属于沟通中的一种技巧性僵局，一方故意制造僵局，从而给对方施加压力，为己方争取更多时间、政策上的优势。

③实质性僵局，双方在沟通中，对于核心条款、利益的意见分歧较大，无法达成一致且均不肯让步时的僵局。

（2）打破僵局

①更换议题。当双方谈判处于僵局状态，主持人可避开矛盾，提出新的议题，转移双方注意力。比如双方在某个议题产生严重分歧时，可先就其他问题达成一致，再回头讨论矛盾问题。

②暂停谈判。当双方针对某个议题陷入严重僵局状态，主持人可总结阶段性谈判成果，暂时休会，给双方冷静考虑的时间，进而开启下一阶段谈判。

③提供选择。针对对方的谈判目标，我方可提出多种谈判条件，让对方选择能接受的条件，进而双方达成一致。

④谈判让步。针对双方僵局，我方在不触碰底线、可接受的范围内做出一定让步，在我方让步的同时，也要求对方让步，确保双方平等。

⑤态度强硬。当我方让步仍无法达成一致，且对方要求触犯我方底线时，可采取强硬态度，明确拒绝。

⑥场外调停。当谈判双方陷入严重僵局时，可在场外采取非正式谈判的方式进行意见交换，多方寻找解决方案。

5.谈判的注意点

（1）不轻易放弃准投资者。招商人员一旦锁定招商目标，就要密切跟踪与回访，不因暂时的僵局轻易放弃准投资者。

（2）不要夸大与承诺。招商人员为了完成招商任务目标而忽悠投资者是不可行的。一旦承诺就要兑现，如果过于夸大、过于承诺，一旦无法兑现，投资者退出是一大损失，自身的声誉、政府的形象破坏将是更重大的损失。

（3）不要贸然行动。招商人员不要打无准备之仗，机会是有限的，甚至只有一次，因此要抓住每一次与项目方洽谈的机会，做好充分筹备。

（4）不要听对方抱怨而放低姿态。很多招商人员一旦面临企业的抱怨或者不满，就非常灰心，甚至放低姿态去满足对方各种要求。我们要学会换位思考，明确企业之所以这么做的真实原因，有可能对方是为了给我方施加压力，我们要学会转化对方的抱怨。

（5）不要在对方面前流露不满。稳定度是招商人员必须具备的一项素质，无论谈判成功与否，自身的修养与沉稳是最佳名片，而有原则更是赢得企业认可的关键。

（6）不要过早暴露底牌。招商谈判很少能在短时间内促成，大多都会经过多轮谈判，因此进入谈判僵局时，切勿因争取合作而过早地暴露底牌。这个时候正是考验谈判双方耐力的时候，也是向对方施压、逼对方亮出底牌的时候，过早暴露我方底线，也就失去了谈判的主导权。在这段时间我们主动搜集对方的情报是至关重要的。如果我方可替代性弱，可等待对方主动上门，适当让步；如果我方可替代性强，就要主动公关，发掘自身绝对优势。

（7）不要用以往的谈判经验做决策，要知道企业不同，谈判的策略也不尽相同，让谈判对手摸不清你的策略才是谈判高手的高超技能。

（8）不要让对方感觉你不专业。专业是招商人员的撒手锏，不了解行业、不了解企业、不了解产品对企业来说将是"鸡同鸭讲、对牛弹琴"，企业永远不会将希望寄托在一个不专业的招商人员身上，因此招商人员要斟酌所说的话、所谈的事，储备大量的专业知识，让对方感觉你是一个专家。

（9）不要放过对方的每一个细节。谈判过程中，不要放过企业的每个身体语言，如表情、眼神、嘴巴、背部、胸膛、双手、手臂所表现出来的每一个动作，往往是这些细节突显对手内心，及时出手，把握谈判机会。

（10）谈判结束后要识别对方的潜在意图。谈判结束后，双方往往会预留考虑空间，我们如何识别对方的潜在意图呢？

①今天先这样，我们回去需向总部进行汇报。

②你们回去可以考虑下还有什么优惠政策。

③你们把这些问题解决了，再给我打电话。

④先这样，回头电话联系。

⑤我们再考虑考虑。

如果对方回复是①和③或类似内容，说明对方意向基本已定，接下来需要敲定实际问题；如果对方回复是④和⑤或类似内容，说明对方对于谈判结果内心落差较大，合作不成功的可能性较大；如果对方回复是②或类似内容，说明对方还需要争取此方面的利益，需要考虑让步事宜。

（四）合同谈判

合同谈判是招商引资谈判的关键环节。不同企业对应着不同的合同内容，其中最为重要的是政策扶持。例如土地及厂房类项目一般比较关注固投、地价、税收等政策，而楼宇项目一般比较关注人才、租房补贴等政策。以下是不同类型项目扶持政策的案例：

案例：厂房类项目政策扶持

乙方在 ×× 市投资建设燃气仪表生产基地项目，生产仪表配件、燃气流量计等产品。其中，一期租用厂房的方式，快速建设年产 500 万台设备生产基地，投产后年税收产出达到 ×× 元／㎡。项目计划建设期限为 1 年，项目自协议签订之日起 1 个月内完成工商注册、税务登记、银行开户等手续；3 个月内完成立项、环评、安评、能评等相关手续报批，12 个月内建成投产。

政策扶持条件如下：

乙方达到协议约定条件后，可享受甲方关于土地使用、科技创新、人才、财政贡献等方面的政策优惠。此外，除享受以上政策外，还可享受如下政策扶持：《××开发区制造业招商引资优惠政策（试行）》。

1. 目前乙方可享受的政策：

（1）对于租赁厂房开展建设的项目，税收产出达到××元/㎡以上的，2年内每年度按照当年区内厂房租赁市场平均价格给予100%补贴，第3-5年给予50%补贴。

（2）税收产出达到××元/㎡以上的，符合开发区招商引资产业目录的项目，给予最高可达实际固定资产投资额（厂房、设备）6%的固定资产投资奖励。

（3）企业通过融资租赁设备的，可对其租赁费按人民银行同期贷款基准利率补助三年。

（4）自项目投产之日起，前三年按对开发区财政贡献的100%给予奖励，后两年按对开发区财政贡献的50%给予奖励。（其中，××财政贡献留成比例为20%～25%）

（5）税收产出达到××元/㎡以上的，自项目投产之日起，公司高级管理人员或技术人员5年内按其在区内缴纳的个人所得税对开发区财政贡献部分的100%给予生活补贴。补贴名额不超过10人。每人每年不超过××万元。单个企业的奖励对象累计奖励金额不得超过该企业对本区地方经济发展贡献的30%。本条奖励资金直接划入个人账户。

（6）当年在开发区上缴税收产出在××元/㎡以上的，可对企业货物物流运输费用，按照年物流运输费用总额10%的比例给予财政补贴，累计补贴不超过5年，每年补贴额度不超过××万元。

（7）对于投资额度大、产业带动性强的龙头项目，开发区急需引进的重大产业链项目，企业重组重整项目，实行"一事一议"。

2. 后期二期、三期项目启动后，乙方可享受以下优惠政策：

（1）对于需征地建设的项目，固定资产一次性投资在 1 亿（含）~ 5 亿元的，按照不超过土地出让底价 70% 的比例，给予基础设施建设补助；固定资产一次性投资在 5 亿元（含）以上的，实行"一事一议"。

（2）对获得国家、省各项产业发展扶持和奖励的，分别按照资助金额的 100%、50% 给予资金配套支持。

（3）设立一定规模的产业发展基金或引导资金，以股权、合作权益出资等方式支持科技含量高、投资规模大、市场前景广的项目的引进培育。高成长性科技企业或实缴货币出资 1000 万元以上、引入风险投资 2000 万元以上、企业估值 2 亿元以上的高科技企业，以直接股权投资的方式最高给予 3000 万元、占股比例不超过 20%、年限不超过 10 年。3 年以内的，按原始投资额退出；3 年以上且 5 年以内的，转让价格按原始投资额及同期银行贷款基准利率计算的利息确定；5 年以上的，按市场化方式退出。

3. 对于注册地和税务登记全部迁入开发区的上市企业，参照开发区鼓励企业上市相关政策给予一次性资金奖励。在沪深证券交易所主板上市的，奖励额度最高可达 1000 万元；在深交所中小板和创业板上市的，奖励额度最高 800 万元；在中国证监会认可的境外交易所主板上市的，奖励额度最高不超过 200 万元；在全国中小企业股份转让系统挂牌的，奖励额度最高 80 万元；在区域股权交易市场挂牌的，奖励额度最高 30 万元。

4. 对于实际固定资产投资额 1 亿元以上的项目，自项目投产之日起 3 年内，所缴纳土地使用税按照对开发区财政贡献的 30% 的比例给予补贴。

备注：附件为原《×× 开发区制造业招商引资优惠政策（试行）》，乙方修改后签订的政策和原政策不冲突。此政策试运行结束后，之前及之后出台的相关政策与本政策不一致的，均按照从优不重复原则执行。

案例：外资类项目政策扶持

乙方计划在园区设立外商独资公司。独资公司将租赁高新区标准厂房B2栋南一层。为支持独资公司在高新区快速发展，在国家政策允许范围内，甲方拟提供以下支持：

1. 厂房租金支持政策

为支持独资公司快速发展，甲方给予独资公司自厂房租赁协议签署之日起六个月的免租期（不含物业管理费）。

若满足以下任一条件，则独资公司不需要补缴该部分减免房租金，反之，需补缴该部分减免房租金：

（1）2021年12月31日前，独资公司注册资本到账达到60万美元；

（2）2021年独资公司销售额达到3000万元；

（3）2021年独资公司入库税收达到100万元。

2. 财政贡献奖励

个人所得税：自独资公司成立之日起三年内，独资公司所聘用的所有外籍员工及三名中方管理人员（年薪30万元以上）享受个人所得税高新区财政贡献部分100%的奖励返还政策支持。

3. 设备补贴

甲方将积极协助独资公司申请本市"三位一体"相关政策。

4. 人才扶持政策

甲方将积极协助乙方申请"城市英才""领军计划"等人才扶持政策。

5. 临时办公室

自本协议签署之日起至2020年5月31日，甲方为独资公司免费提供临时办公场所。

6. 其他扶持政策

甲方将积极协助独资公司申请政府出台的产业、科技等方面的扶持政策以促进公司快速发展。

案例：土地类项目政策扶持

项目政策扶持如下：

1. 本协议任何一方违约，除不可抗力外，违约方须向守约方承担违约责任并赔偿经济损失。

2. 本协议生效后，除甲方原因及不可抗力外，如乙方未能按照本协议约定实施项目建设，包括但不限于有下列情形之一的，甲方有权调整或不予兑现给予乙方相应的扶持政策。若乙方严重违约，导致项目不能按预期正常进行，甲方有权解除本协议。

（1）投资强度未达到本协议要求的；

（2）年税强度未满足协议约定的；

（3）建筑技术规范（容积率、建筑密度）未满足协议约定的；

（4）因乙方原因造成项目主体竣工投产时间超过约定时间90天。如因乙方原因造成损失，甲方有保留追赔的权利。

调整扶持政策包括但不限于减少或不再执行协议约定扶持政策、要求退还已支付扶持政策资金等。

3. 若违反本协议第22条规定（乙方承诺项目公司自投产之日起十年内不将项目公司注册地及生产经营地和税收解缴关系迁出甲方辖区，不得实施其他变相转移税收的方式导致甲方税收损失），则视为乙方及项目公司违约。乙方应一次性退还甲方已给予乙方及项目公司的所有扶持资金，未给予的不再给予。

4. 在乙方取得本项目相关土地使用权证后，因乙方原因形成了闲置土地，则甲方有权无条件收回乙方未使用的土地。

5. 协议解除后，乙方不再享受本协议及补充协议的全部扶持政策。

第三节　招商活动组织技巧

招商活动是政府及产业园区有效吸引投资、完成招商目标的关键手段。不仅可以面对面向企业宣传当地的经济社会发展现状与投资兴业优势，促成优质项目落户，还能借机树立政府和园区的品牌形象，给区域经济发展带来更广泛、更深远的积极影响。

一场成功的招商活动，从会前的筹备组织，到会中的现场掌控，再到会后的跟进洽谈，每个环节都有很多学问。不少地方政府过于重视活动现场布置和设计，反而忽略了会前邀约、宣传和会后跟进等关键环节，殊不知这些环节才是让招商活动产生实效的重中之重。企业是各个活动的关键，抓住企业，才能保证整场活动顺利推进。

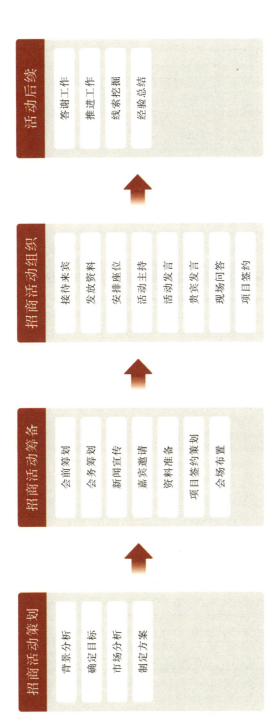

图 6-8　招商活动流程图

（一）招商活动筹备

纵观一场招商活动的流程，从活动现场把控到结束后服务及跟进，每个环节都很重要，但这一切的前提核心在于"准备"。有时虽有所准备，但会因细小环节的疏漏而影响活动的正常进行。因此，只有精心准备和多次演练，才能推动整个活动顺利进行。

1. 前期准备

具体工作主要围绕以下三个环节展开。

（1）确定活动目的、名称及大体规模。招商活动主要目的是招商引资，围绕此核心，筹备单位应掌握各种信息，包括招商目标企业的最新投资动态，目标企业所在产业、行业的最新发展趋势，重点区域在重点产业方面的发展情况和主要企业情况等，并根据邀请客商人数确定招商活动的形式和规模。

（2）确定活动时间、地点和邀请来宾名单。

招商活动时间：一般集中在以下三个时间段：①两会召开。此阶段地方政府和企业都会根据中央经济工作会议精神安排工作节奏，布局未来发展。②重大会议。地方往往会在津洽会、进博会等召开，大量企业家和专家学者聚集之时，顺势开展招商活动，吸引目标企业到场。③金秋时节。大多数企业会在此时做年度规划（来年战略、扩产、分销渠道等），招商活动能为地方来年产业规划和企业挖掘做准备。

招商活动地点：以往大多数城市会集中选择在北上广深等一线城市举办活动。如今，随着各地产业差异化发展，地方可以根据目标企业相关产业在全国的分布特点进行城市选择，更利于精准招商，让招商活动效果更佳。具体地点通常选择城市的会展中心、星级酒店、礼堂、体育馆等。

邀请来宾名单：除了地方各有关领导和所需要的筹备与招商人员外，

邀请来宾应该包括当地政府要员，工商界知名人士，重点招商引资领域的目标企业高管，有关金融服务机构或专业中介机构、其他相关企业或当地商会、协会等商界组织的负责人及其代表，新闻界人士，协办组织有关人员等。

2. 活动筹备

活动方案要紧紧围绕活动总体的工作目标任务，明确活动日程安排及各项议程之间内在的逻辑关系，合理安排活动议程，使各项事宜能顺利衔接，避免出现死角和盲区。方案一般应包括活动名称、时间、地点、出席人员、议程、工作组设置及文件起草工作、组织人事工作、宣传报道工作、后勤服务工作、安全保卫工作等内容。

3. 新闻宣传

为了招商活动能更好地打出名号，让更多企业在会前会后了解本地，提升地方招商影响力，借助媒体的力量很重要。地方和媒体的深度合作，能为招商活动提供专业、影响力大的专题报告。

（1）媒体选择：拟定媒体邀约名单时需要考虑两个方面。首先要考虑宣传需求，根据所面对的行业不同，地方需要邀请相应的行业垂直媒体，同时也要邀请知名门户网站和主流电视媒体、视频媒体。其次要考虑预算费用，虽然参与宣传的媒体越多越有利于品牌知名度的提升和产品的推广，但预算是有一个额度的，要根据预算在众多媒体中做出最优选择。

（2）新闻稿发放。新闻稿发放工作应向选定的新闻媒体发放活动的宣传稿，通常以在召开活动前一至两星期开始通知，召开活动当天发放为宜，以便与会新闻记者能够从容地做好自身日程安排及其他前期筹备工作。同时，在活动召开前一天，如果能够在有影响力的报刊上刊登本次活动的专访新闻，将可以极大加强此次活动的宣传效果。

（3）发送媒体邀请函。再次确认邀请媒体的名单，致电媒体的负责人进行邀约，并邮件发送邀请函。邀请函需要写明活动的主题、时间和地点。邀请结束后跟进确认具体人数、到场的方式及参加活动的媒体记者电话。

4. 嘉宾邀请

发出邀请函的目标至少应包括：当地政界要员，行业专家学者，各商会组织负责人，有关企业负责人或投资策划人，有影响力的报刊、电台、电视、网站记者等。

5. 资料筹备

活动必备资料按其内容可分为以下三种，一是体现活动内容的主要文件，包括我方领导的重要发言、主持稿、宣传推介 PPT、地方招商宣传片、宣传手册等内容；二是活动现场所需要的物料，比如主视觉背景板、抬头纸、桌卡、手卡、易拉宝、参会证、签到墙、宣传墙、指引牌等。三是伴手礼，很多时候，招商活动的主办方都会准备各种伴手礼送给参与的企业与人员，这样不仅是一种地方宣传，也是形象文化的展示。

资料筹备要点：招商活动需要准备大量的宣传素材，比如涉及拍摄制作城市宣传片、宣传册等，这些关乎城市的形象，需要专业机构进行前期拍摄、后期制作。现场整体的设计，比如易拉宝、宣传单、现场展示的 PPT 等，这些都可以看作与客商的"触点"。因此，设计不但要官方、正式、严谨，还要有地方特色，烘托出活动主题的视觉效果及氛围。除了重设计之外，还要整理出核心内容，有逻辑地进行归纳汇总，突出当地优势、特色、文化等。当然，活动创意也不可少，可以提前定制带有当地特色的签字笔、U 盘、收纳袋等。

6. 会场布置

应抓住几个要点：①大小要适中。会场大，人数少，会有种松松散散、不景气的感觉。会场小，人数多，显得小气，也无法流畅交流。所以会议桌要宽大，座椅要舒服，环境布置要有商务气氛，而且要注意座位的朝向。

②设备要齐全。场地的照明、通风、卫生、服务、电话、扩音、录音等各种设备都要配备齐全。对所有附属设备，会务人员要逐一进行检查。③摆放要合理。会场的大小与布置、人数与摆形决定了会场大小。会场布置形式通常有长桌形、马蹄形、圆桌形等。

7. 企业邀约

（1）初步确定名单。正式邀约企业前，首先要"摸清家底"，弄清自己的优势产业、主导产业、特色产业是什么，在国内国外的发展现状如何，近期有什么重要趋势，再根据今年的产业链招商方向初步确定目标企业。如果政府招商人员手中掌握的企业资源颇为有限，可与地方协会、商会、专业招商服务机构展开合作。查找方向主要有以下五种：①按产业查找；②沿产业链查找；③利用新闻报道查找；④建立、用好乡友关系；⑤合理利用商会、协会。

（2）初步确认企业名单之后，要尽快确定企业有没有投资意向，更重要的是，要确定企业是否有到你所在的区域投资的意向，从而确定精准的邀约名单。

（二）招商活动组织

招商推介会的流程一般可以分为签到、开场、致辞、讲解、互动等环节，每个环节都要为下一个环节做好铺垫，形成层层递进的效果。为此，应注意如下事项。首先，活动的主持人和主要发言人要充分发挥组织和主导的作用，突出重点促进交流、活跃氛围、引导讨论。其次，在活动现场上宣布的所有信息必须准确无误。第三，活动的工作人员除了要做好会场服务工作之外，还应注意个人形象，取得与会宾客的信赖。最后，活动的各项程序必须要紧凑，时间不宜过长，一般应控制在一个半小时之内。

1. 来宾签到

嘉宾签到的同时，可以全程播放招商引资宣传片，并选取合适的轻音乐或当地民俗音乐作为伴奏。除了要引导到场领导、嘉宾、企业代表签到、就座，活动组织者还要派专人随时查看签到情况，与尚未到场的参会者取得联系，尽可能保证活动正常举行。

2. 开场

由主持人介绍领导、嘉宾、到场企业代表。如果是大型的城市活动，还可以在开场环节加入具有地域特色的民俗表演，但时间不宜过长，主要目的是吸引注意力，烘托气氛。

3. 致辞

这一环节要突出政府及园区招商引资的决心、当地发展速度的迅猛、未来规划蓝图的美好。致辞不必过长，用词尽量通俗易懂。如果条件允许，可以邀请两位领导分别致辞，一位侧重描绘当地的发展概况，另一位则侧重介绍当地的比较优势。如果邀请了当地龙头企业的负责人来到招商推介会现场，可以在这一环节邀请企业负责人上台分享入驻园区后的真实发展故事。企业负责人的发言一定要多讲一些实例，用事实说明当地的能源价格、优惠政策、人才素质等优势。

案例

某地举办招商推介会时，邀请了一位返乡投资的企业家致辞。这位企业家在推介会现场以图片为佐证，"点赞"了当地市委、市政府务实高效的招商举措和持续优化的营商环境，同时生动形象地表达了回到家乡投资建厂的喜悦心情，一句"回到这里，觉得空气都是甜的"，赢得现场企业家的关注与掌声。这位企业家的致辞不同于平常模板式的分享，而是真情流露地表达，此番致辞也将推介会的气氛推向了最高潮，为会议增添了别样风采。

4. 招商推介说明

这一环节要着重强调当地的发展优势，涉及企业家关注的区位交通、产业规划、优惠政策等具体信息，必须展开讲解、细致分析，尤其要结合到场企业所属行业有针对性地进行招商推介。如果到场企业集中在生产制造环节，不妨突出介绍本地在原材料获取、市场开发、物流运输上的优势。如果到场企业集中在研发设计环节，则要突出本地在科研机构、高等教育和人才政策上的优势。

5. 互动环节

在招商活动中，政府往往既是主要议题的阐述者，又是对参会客商提问的解答者。经过活动各方代表依次发言后，需要适当留出一定的时间来进行现场提问回答。一方面让参会客商能够通过提问更好地记忆或消化各发言人演讲内容；另一方面，可以通过参会客商提出的问题了解参会客商的兴趣点与关注点，促进活动现场取得更好的成效。

如何在互动问答环节推陈出新，各地都尝试过一些新颖的做法，比如把领导坐台上、参会客商坐台下的传统形式改为"一对一"沟通的小圆桌。这样可以营造一种政企平等沟通，甚至政府为企业服务的良好氛围。值得注意的是，千万不要为了创新而创新，互动环节的核心是参会客商，抓住参会客商的需求才是最重要的。

6. 项目签约

项目签约仪式目前已成为招商活动中不可或缺的环节，这主要是由于项目签约仪式具有较大的新闻价值和影响力，特别是重大项目，签约仪式将成为参会客商及新闻媒体的关注焦点。为此，工作人员不仅要做好签约文件的准备、签约人的出场顺序安排、现场摄影、活动录像、背景音乐准备、庆祝香槟准备等相关仪式组织工作，还要能够及时应对突发事件，更应有意识地在现场营造出热烈的气氛。

（三）活动后续反馈

招商推介活动结束后，并不代表本次招商结束。招商人员需要针对潜在投资者的核心需求进行挖掘、跟踪、洽谈和落实，发现企业面临的难题，遇到特殊问题及时向上汇报，保证在最短时间内给出解决方案。这样不仅能巩固会议效果、提升目标企业对营商环境的认可程度，还可以加深与企业的互相了解，进一步为产业链上下游企业提供更完善的配套，整合更优质的资源。

1. 答谢工作

领导致答谢词，代表着这场招商推介会已经进入尾声。这个环节很难吸引企业家的关注，因为他们的注意力已经转移到接下来的时间安排上。如果后续还有合影和餐叙环节，就要在领导致答谢词的同时，交代各位负责与企业沟通对接的工作人员做好准备，及时邀请企业家参加，以免对方在答谢环节结束后直接离场。

2. 拍照留念

如果条件允许，招商推介会的正式流程结束后，还可以安排合影和餐叙环节，让招商领导与企业家拉近距离。

合影环节看似简单，却也蕴藏着无限潜力。

餐叙环节有助于拉近招商领导与企业家的距离，一些不适合在公开场合讲的话，到了饭桌上反而可以轻松表达出来。

3. 会后跟进

会后跟进工作一定要及时，抓住企业家还对这次招商推介会留有一定印象时与对方取得联系，让跟进效果最大化。在保证速度的同时，一定要有实质内容，让企业家觉得这次沟通是有意义的。企业家刚在推介会上听过一遍园区介绍，如果这次又要在电话里重新听一遍，难免会有些不耐烦。

如果可以把目标企业目前的发展情况、扩大生产和继续投资时遇到的困难问题弄清楚，就可以在会后跟进的时候结合国家政策、行业现状、园区情况给出专业分析，并且诚恳地提出一些可行性方案，站在长远发展的角度为企业解难题、谋发展。即使无法让企业家感动，园区的专业性也能给对方留下深刻印象，为企业家选择产业园区的决策过程增加正面影响。

4.线索挖掘

到场的宾客名片，分场活动中的发言、提问和讨论记录材料，活动期间与专业机构和专家的交流、接受咨询服务时提出的主要问题，活动休息期间与参会宾客的交谈，当地新闻媒体对活动的相关报道材料，考察活动中与接待方的交流成果，以及通过举办活动所获得的当地重点产业发展的现状、特点和背景等，都是值得进行分析和研究的重要资料。经过对上述资料的认真分析，我们可以获取当地客商最新的投资意向、重点企业最新的投资动态、当地重点产业领域企业关注的焦点、当地重点产业领域最新的技术专利情况，以及当地重要企业的优势和强项等信息。通过这些工作，我们可以挖掘和总结出一批潜在的项目线索，通过电话、传真、电子邮件、邀请对方来访等方式加强我们与项目线索的潜在投资者之间的联络与交流，必要时可及时组织有关人员前往参观洽谈，夯实活动后续的项目线索挖掘工作成果。

案例：持续转化促进项目落户

为了加快招商步伐，广东某县特地开展了招商推介会全球路演。为确保推介会能够高质高效推进，当地领导特地在系列活动开展前，对当地招商团队开展了为期一周的专业集训。在推介会举办期间，招商人员积极筹备。根据当地重点产业发展战略，前期精准邀约目标企业，会后及时回访、持续跟进转化。那一年，通过推介会转化的优质企业有10余家，为当地引进优质投资超过20亿元。

5.经验总结

招商活动筹备收尾工作结束后，会务工作组应及时组织有关人员召开内容务实的总结工作会。一般总结内容如下：

首先，对活动的效果进行客观评价，评价可以从质量和数量两个方面进行。质量评估具体来说可以从活动上来宾发言稿件水平、提问环节中回答效果、现场讨论主要观点与倾向、参会宾客的知名度与代表性、现场整体气氛、新闻媒体报道的侧重面、活动现场是否出现预想不到的问题、没有及时做好的筹备工作细节等多个方面与预设目标相比较，对活动效果进行综合评估。数量评估具体来说，可从参加活动宾客总人数、发言人数、现场提问人数、对活动进行留言或反馈的人数、现场签约活动的项目个数与投资额、对招商项目有投资意向的企业个数、所收集的项目线索个数、新闻报告篇数、版面位置与篇幅大小、本省（市）在活动前后的知名度提升、投资者在活动前后对本省（市）投资环境的评价、活动费用整体支出情况等多个方面与预设目标相比较，对活动效果进行综合评估。

其次，对活动中出现的失误与有效的补救进行分析和总结。在活动中出现的失误及潜在问题，不能因为发生在过去就置之不理，应在总结工作会上分析原因及其造成的不利影响，并采取相应的补救措施。

最后，对活动中的经验教训进行总结。通过对活动前期筹备、组织及召开全过程的分析评估，对成功的方面进行充分肯定，对于活动中出现的不足和失误，提出进一步发展完善的对策建议，以不断提高招商活动的组织工作水平。

后　记

　　衷心感谢您选择阅读《产业链招商大革命》，并给予我们的信任和支持。本书是谷川产业研究院多年从事产业链规划、落地的经验集结之作，旨在为广大招商人提供最实用的产业链招商工具书。在整个写作过程中，谷川写作团队始终秉持着专业、务实的原则，精心策划每一个章节，详尽梳理每一个环节，努力呈现给读者一本精确、全面、实用的指导书。

　　产业链招商作为一项复杂的系统性工作，需要紧密融入地方发展的战略规划当中，同时也需要一线招商人员开展实际操作。本书不仅仅停留在理论层面，更强调实操性和落地性，书籍展现的内容充分考虑了读者的实际需求，并详细介绍了从理论规划到招商实操的全过程。

　　撰写本书，我们充分利用了谷川联行 15 年来积累的海量数据和丰富经验，明确界定了产业链招商的概念和特点，并针对每一个环节提供了详细的方法和流程，希望能够助力读者在实践中更好地应对挑战、取得成功。同时，本书也力求将复杂的概念和操作变得更加易于理解和应用。我们使用简洁明了的语言，结合图表和案例分析，为读者呈现了招商实际场景，并提供了解决问题的思路和方法。

最后，我们希望这本书成为您实操产业链招商的得力工具，通过阅读本书，逐步掌握产业链招商的要点，助您越过招商之路的坎坷，成为一名真正的招商行家。我们诚挚期待您的反馈和建议，根据您的宝贵意见，我们将持续改进和完善，为您提供更好的内容与服务。同时，我们也期待您能与我们分享在产业链招商过程中的典型案例和印象深刻的故事。

再次感谢您的阅读和支持！祝愿您在产业链招商的道路上一帆风顺！